Nuevamente Juntos

Por el espíritu
António Carlos

Psicografía de
VERA LÚCIA MARINZECK DE CARVALHO

Traducción al Español:
J.Thomas Saldias, MSc.
Trujillo, Perú, Febrero, 2023

Título Original en Portugués:
"Novamente Juntos "
© Vera Lúcia Marinzeck de Carvalho, 1999

World Spiritist Institute
Houston, Texas, USA
E–mail: contact@worldspiritistinstitute.org

De la Médium

Vera Lúcia Marinzeck de Carvalho (São Sebastião do Paraíso, 21 de octubre –) es una médium espírita brasileña.

Desde pequeña se dio cuenta de su mediumnidad, en forma de clarividencia. Un vecino le prestó la primera obra espírita que leyó, "El Libro de los Espíritus", de Allan Kardec. Comenzó a seguir la Doctrina Espírita en 1975.

Recibe obras dictadas por los espíritus Patrícia, Rosângela, Jussara y Antônio Carlos, con quienes comenzó en psicografía, practicando durante nueve años hasta el lanzamiento de su primer trabajo en 1990.

El libro "Violetas na Janela", del espíritu Patrícia, publicado en 1993, se ha convertido en un éxito de ventas en el Brasil con más de 2 millones de copias vendidas habiendo sido traducido al inglés, español, francés y alemán, a través del World Spiritist Institute.

Del Traductor

Jesús Thomas Saldias, MSc., nació en Trujillo, Perú.

Desde los años 80s conoció la doctrina espírita gracias a su estadía en Brasil donde tuvo oportunidad de interactuar a través de médiums con el Dr. Napoleón Rodriguez Laureano, quien se convirtió en su mentor y guía espiritual.

Posteriormente se mudó al Estado de Texas, en los Estados Unidos y se graduó en la carrera de Zootecnia en la Universidad de Texas A&M. Obtuvo también su Maestría en Ciencias de Fauna Silvestre siguiendo sus estudios de Doctorado en la misma universidad.

Terminada su carrera académica, estableció la empresa *Global Specialized Consultants LLC* a través de la cual promovió el Uso Sostenible de Recursos Naturales a través de Latino América y luego fue partícipe de la formación del **World Spiritist Institute**, registrado en el Estado de Texas como una ONG sin fines de lucro con la finalidad de promover la divulgación de la doctrina espírita.

Actualmente se encuentra trabajando desde Perú en la traducción de libros de varios médiums y espíritus del portugués al español, habiendo traducido más de 200 títulos, así como conduciendo el programa "La Hora de los Espíritus."

Índice

1.– CAMBIO DE VIDA

Ventaba fuerte. Ana se abotonó el abrigo. Hacía frío y seguramente llovería pronto. Pero nada de eso le interesó, estaba distraída con sus pensamientos. Caminó rápido, cuesta abajo casi a la carrera, porque no quería llegar demasiado tarde a casa, pero ya era bastante tarde. Y efectivamente, su padre preocupado estaba nervioso esperándola.

Hasta que Ana lo entendió. El señor Alberto, su padre, desde que murió su esposa y los otros tres hijos estaban casados, había redoblado su atención por ella, la menor. Y eso la molestaba, al fin y al cabo, tenía casi veinticuatro años, era una adulta, trabajaba y quería tener la libertad de hacer lo que quisiera. Ella pensó que no la habían entendido, principalmente porque toda su familia no quería que ella se encontrase con Gilberto, su novio.

Abrió la puerta de su casa aliviada, el viento la molestaba. Y su padre, como siempre, estaba en la sala, sentado en su sillón favorito.

– Ana, hija mía, llegas tarde. ¿Dónde estabas? – Preguntó.

– En la casa de Carina – mintió –. ¿No te dije en el almuerzo que iba a su casa?

– Sí... Bueno, me voy a dormir – dijo el Sr. Alberto –. Ve a descansar hija, mañana tendrás que madrugar. ¡Buenas noches!

Ana se fue a su habitación. Le gustaba su casa, su habitación. Aunque no era lujosa, todo estaba decorado con buen gusto. Suspiró y el recuerdo de su madre vino a su mente.

– ¡Mamá te extraño! – Ella murmuró.

Doña Rita, su madre, había muerto hacía doce años. Ana la recordaba con mucho cariño, era una persona especial, amable, una excelente madre. Tal vez por eso el padre nunca quiso volver a casarse. Doña Rita, cuando aun estaba con ellos, trataba de ayudar a todos. Ana se perdió el consejo de su madre, pensó:

– "Si mamá estuviera con nosotros, ¿también estaría en mi contra? A ella no le gustaban las mentiras, me culparía por mentir. Pero me están obligando a hacerlo. No quieren aceptar a Gilberto."

Sintió remordimiento. No le gustaba tener que poner excusas cada vez que iba a ver a su novio.

Ana tenía tres hermanos: Carlos, Lúcio y Maisa. Todos estaban casados, tenían hijos, problemas, pero aun tenían tiempo para meterse con ella. Estaban del lado de su padre e interfirieron mucho en su vida. Ana pensó eso. Ella pensó que tenía razón y ni siquiera quería analizar sus argumentos, ni siquiera imaginar que pudieran tener razón. Le gustaba Gilberto y eso era todo. No le importaba lo que dijeran sobre el joven, que no era un buen partido.

– Vaya – murmuró de nuevo –, no entienden que él es el hombre que amo. Había hablado con su hermana en la mañana y las palabras de Maisa todavía resonaban en su mente:

– "Ana, nadie sabe a ciencia cierta quién es este chico. ¡Quizás hasta esté casado! No eres una adolescente, ya eres una adulta para saber qué te pasa o qué te conviene. Por favor, hermana, elige un buen chico para casarte."

Ella no respondió, pero pensó irónicamente:

– "¿Elegir? ¿Cómo elegir? ¡Como si fuera posible dar preferencia a alguien en esta ciudad! Hace tiempo que no tengo novio, ahora que Gilberto está interesado en mí, ¡me piden que lo deje!"

Recordó los acontecimientos de su vida. No había muchos importantes. Tímida, tenía pocos amigos, ahora todos casados, y algunos coqueteos sin importancia, nada serio, nadie a quien debería prestar más atención. Gilberto llegó a su vida cuando Ana estaba necesitada y pensaba que iba a quedarse soltera. A ella no le importaba ese hecho, pero su familia sí quería verla casada. Pero sintió que necesitaba un compañero, alguien que la protegiera, que le prestara atención. Y Gilberto la colmó de mimos y caricias.

– "¡Es el hombre de mi vida y no tienen derecho a impedirme tenerlo! Tal vez..."El novio a veces parecía ocultar algo. "¿Estará casado? ¡No lo creo!

Va tan poco a su ciudad natal", pensó.

Rara vez hablaba de su familia, decía que sus padres habían muerto, que sus dos hermanos se habían mudado a una gran ciudad y nunca más supo de ellos, y que tenía una hermana con la que no se llevaba bien.

Ana pensó que Gilberto era guapo: alto, fuerte, ojos verdes, cabello castaño lacio y una sonrisa un poco traviesa.

– "Yo – pensó, mirándose en el espejo – no tengo nada excepcional, nada de nada..."

Ana era de estatura media, cabello y ojos castaños, labios pequeños, una persona corriente.

– ¡Muy común! – tartamudeó –. No me gusta mi nariz. Es un poco grande. Al lado de Gilberto, soy bastante fea. No sé por qué se interesó en mí... ¡Ay, mamá! ¡Cómo te extraño señora! Si estuvieras aquí, me ayudarías. Creo que papá no quiere que me case para no estar solo, y mis hermanos, egoístas, para no tener que cuidar a papá, que está enfermo, ¡así es!

Ana había ido a encontrarse con su novio y estaba un poco preocupada y hasta un poco asustada. Ella pensó que estaba embarazada y no sabía cómo recibiría la noticia Gilberto, o su familia. Cansada, se durmió.

Se levantó temprano como siempre, preparó café, empapó la ropa que iba a lavar y se fue a trabajar. Siempre estaba murmurando. Se quejó que además de trabajar mucho en el trabajo, también había quehaceres domésticos. Era vendedora en una tienda de telas. Estaba de pie todo el tiempo, pero sabía que no tendría este trabajo por mucho tiempo. El propietario dejó muy claro que solo empleaba a chicas solteras. "Se casó, tiene que dejar su trabajo"– dijo.

Antes de ir a casa a almorzar, pasó por el laboratorio y recogió su prueba. No lo abrió, lo metió en su bolso, lo dejó para que lo hiciera en casa.

Cuando llegó, encontró el almuerzo listo, su padre lo había hecho; la hermana había lavado toda la ropa y la cuñada había limpiado la casa.

Almorzó en silencio, solo intercambió algunas palabras con su padre. Estaba ansioso por ver los resultados de la prueba. Rápidamente lavó los platos y se fue a su habitación.

– "¿Estoy embarazada o no?" – Pensó ansiosa.

Abrió el sobre y llegó la confirmación: estaba embarazada. No quería llorar, respiró hondo y se secó las lágrimas que insistían en correr por su rostro.

– Voy a ser madre – murmuró –. ¡Un ser se forma en mi cuerpo!

Volvió al trabajo como si nada hubiera pasado. La noche estaba ansiosa por encontrarse con Gilberto, y apenas lo vio habló nerviosamente:

Gilberto, tengo algo muy serio que decirte. Recibí el resultado de la prueba y estoy embarazada...

El muchacho la abrazó, riendo, feliz.

- ¡Ana, que alegría! Nuestro hijo será hermoso como tú. ¡Estoy muy contento!

- Gilberto, nos vamos a casar, ¿no? - Preguntó la chica nerviosa.

- Ana, no puedo ocultarlo más... He hecho muchas cosas malas en mi vida... Yo era muy joven, tenía veintiún años cuando dejé embarazada a una novia y me tuve que casar. Nunca la amé y nuestra relación no duró mucho. ¡Perdóname! ¡Di Ana, por Dios, perdóname! Cuando te conocí, me enamoré y tenía miedo que no me aceptaras si supieras que estaba casado. ¡Amor, te amo! ¡Si hubiera divorcio! No quería darte este dolor. Mi matrimonio fue un error y terminamos separándonos. Ana, vivamos juntos. Por favor... Estaremos como casados y algún día estoy seguro que podremos casarnos. ¡Te lo prometo!

Gilberto habló rápido, Ana escuchó, queriendo entender. Finalmente balbuceó:

- ¡Eres casado!

- Pero es como si no fuera, no lo siento, ya te lo dije, fue un error. ¡Perdóname! ¡Di que no me abandonarás, te quedarás conmigo!

- ¿Sin casarnos? - Preguntó ella con tristeza.

- El amor siempre debe ser lo más importante. ¡Para mí, para nosotros, es como si estuviéramos casados!

- Gilberto, te casaste porque la niña estaba embarazada. ¿Tienes hijos? - le preguntó mirándolo a los ojos.

- Dos niñas.. –. Respondió –. Lívia y Vanessa, son dos hermosas niñas. Los cuido, les envío dinero y cuando voy a mi ciudad natal es solo para verlas.

- ¿Cuál es el nombre de su esposa? - Preguntó.

–A–N–A...

- Gilberto, te pregunté cómo se llama.

- Su nombre es Ana como tú. ¡Es que son tan diferentes! Eres especial, la mujer de mi vida. ¡Quédate viviendo conmigo! Viviremos en esta casa, sé que es simple, pero debo tener un aumento de sueldo y luego pasaremos a una mejor. Aquí serás la reina de mi hogar, de mi vida.

- En casa no les gustará - dijo.

- Ya no les gusta... Lo que no quieren es perderte a ti, la sirvienta... No quieren que seas feliz.

- Gilberto cuando se enteren que estoy embarazada perderé mi trabajo.

- No importa, solo quiero que cuides de nuestra casa, de mí y de nuestro hijo.

- O hija - corrigió Ana.

Por supuesto - dijo sonriendo –. Dijo hijo a fuerza de expresión. Vamos, te llevaré a tu casa, recogerás tu ropa y vendrás aquí esta noche. Eres mi esposa para mí, y te cuidaré con todo mi amor y cariño.

Gilberto estaba entusiasmado, eufórico, lo decidía todo con ímpetu. Trató a Ana como si fuera realmente muy importante para él. Hablaba tanto que a ella no le importaba que estuviera casado. Él entendió. El chico no la dejó pensar, ni le dio tiempo de prestar atención a una voz muy dentro de ella, que le pedía que tuviera cuidado y que no hiciera daño a sus seres queridos. Tampoco recordaba que amaba a su padre, a su familia y que sufrirían con su actitud.

Y se fueron a su casa. No dejaba de hablar de lo felices que serían juntos, del maravilloso hijo que tendrían.

– ¡Te esperaré aquí! – dijo Gilberto.

Estaba esperando a Ana frente a su casa. Ella entró. Su hermano Lúcio estaba hablando con su padre.

– Ana, te esperé porque necesito hablar contigo – dijo el hermano.

– Qué bueno que estés aquí, voy a buscar mi ropa y me iré con mi prometido.

Ana... – Dijo el señor Alberto arrepintiéndose, pero los dos hermanos se miraron, se enfurecieron, se exaltaron y no prestaron atención a su padre, que se puso pálido.

Lucio dijo:

– ¡Y que nunca dejará de ser novio! ¡Ana, estás loca! Me enteré que Gilberto está casado. Escuché sobre eso hoy y estaba aquí hablando de eso con papá. Teníamos razón, ¡este tipo no sirve!

– ¡A–N–A! – Dijo el señor Alberto en voz alta. Los hijos lo miraron asustados, quien comenzó a hablar en un tono más bajo:

– Hija, tratamos de advertirte. Pero parece que nos mentiste, te estabas viendo con él en secreto. Ahora que sabes que está casado, vas a renunciar a él, ¿no?

– ¡No es no! – Gritó Ana –. ¡Estás en mi contra, no quieres que sea feliz! Los hermanos no quieren que me case porque tendrán que cuidar de ti. ¡Y tú, papá, no quieres perder la criada que soy!

– ¡Cállate, Ana! ¡No le hables así a papá! ¡Nada de esto es verdad! Nunca te trataron como una criada. Y queremos a papá con nosotros. ¡Lo que estamos tratando de hacer es que no te hagan daño, que no seas infeliz al lado de un sinvergüenza! Sabemos que

Gilberto es una mala persona. ¡Entiéndelo! ¡Él es casado! – habló Lúcio, gritando.

– ¡Sé de eso! – respondió Ana emocionada –. No podemos casarnos, pero viviremos como marido y mujer.

– ¡Hija, por favor no hagas esto! – Pidió el Sr. Alberto.

– Me voy y voy! ¡Nadie me detendrá! – Ana corrió a su cuarto y comenzó a juntar su ropa, metiéndola en dos maletas. Su hermano entró en la habitación.

– Ana, no le des este disgusto a papá, por favor hablemos con calma.

– Lúcio, estoy embarazada y me voy a vivir con Gilberto, le duela a quien le duela. ¡No me detengas! – Ana habló con calma.

El hermano la miró por un momento, tratando de calmarse. Habló en un tono más bajo.

– No te estoy deteniendo, solo quería que entendieras. Pero si estás embarazada, será mejor que vayas de todos modos.

Él salió de la habitación y ella, más rápido, siguió recogiendo su ropa. Cuando pasó por la habitación, Lúcio estaba sentado junto a su padre.

– Ana, hija mía – dijo el señor Alberto – algo hiciste muy mal y ¡por favor no te vuelvas a equivocar. confié en ti! Tu embarazo será una pena para nosotros, pero si quieres quedarte, encontraremos la manera. Pero si te vas, no vuelvas nunca más a esta casa.

Ana hizo una pausa por un momento. Miró a su padre, el dolor era visible en su rostro, pero no dudó y se dirigió a la puerta.

– Ana – dijo su hermano – ¡nunca vuelvas! ¡Estás muerta para nosotros! ¡Hija ingrata!

Se fue rápido, no quería que pasara así, sería mucho mejor que todos la entendieran. Las lágrimas corrían por su rostro.

Gilberto, al verla, salió a su encuentro. Recogió las bolsas y la besó en la mejilla.

– ¿Qué pasó? ¿Te peleaste con tu padre?

– No aceptaron...

– No te preocupes, ahora seré tu familia. Te amaré por todos.

Ana estaba triste, pero no permaneció así por mucho tiempo. Gilberto, entusiasmado, feliz, habló de planes maravillosos, sin duda serían muy felices.

– Ana – dijo Gilberto animándola – en cuanto nazca nuestro hijo, todo estará en paz. Verás que tu padre te perdonará.

– Es tan firme en sus decisiones...

– Pero se rendirá cuando nos vea felices. Entonces, si no te perdona, es porque realmente no se merece la hija que tiene. ¡No te pongas triste!

Ella se secó las lágrimas y le sonrió. Gilberto debe tener razón, pensó. Lo importante era ser feliz con el hombre que la amaba.

La casa de Gilberto era sencilla, en un barrio apartado, lejos de toda su familia y de la casa de su padre. Era pequeña, incómoda, pero para ella, enamorada, estaba bien. Ella dormía reconfortada en sus brazos. Al día siguiente no se levantó temprano, cuando lo hizo limpió alegremente su casa y recién en la tarde fue a su trabajo y se despidió. Sus amigos la abrazaron, deseándole lo mejor. Recibió los saludos con cierta torpeza. Le dio vergüenza decir que estaba embarazada y que no se casaría.

Le dio vergüenza decir dónde viviría.

– Es por poco tiempo – se disculpó –. En cuanto Gilberto tenga un aumento, nos cambiamos, luego vuelvo aquí para invitarte a mi casa.

Salió de la tienda con ganas de llorar, la iba a extrañar, sobre todo a sus compañeros. Se dio cuenta con tristeza que últimamente se había alejado de sus amigos, solo salía con Gilberto, y su mejor amiga, o al menos la que ella consideraba su amiga, no quería a su novio. Aconsejó, insistió en que Ana se mantuviera alejada de él, incluso parecía que lo hacía por pedido de su padre. Terminaron peleando y no hablaron más.

Reaccionó, no quería estar triste. "Nada es perfecto" – pensó. Con el dinero que recibió compró objetos para la casa. Trató de distraerse con la limpieza de su nuevo hogar y trató de no pensar en su familia.

Gilberto era encantador, le traía flores por la noche y hacía todo lo posible por animarla y hacer que se olvidara de la pelea con su familia.

– Ana, verás que pronto te buscarán y todo estará bien entre ustedes.

– ¡No sé, papá es tan irreductible! Nunca lo he visto retractarse de lo que dice.

Tres días después, Ana fue a casa de su hermano Carlos, en ese momento supo que él no le iba a pedir un favor a su cuñada Geni. Siempre se llevaban bien, él confiaba en ella.

– Geni, tráeme el resto de mi ropa. Tengo miedo de ir allí y papá se enfadará conmigo.

– Ana – dijo Geni mirándola con cariño – ¿tuviste que hacer lo que hiciste? Lo sentimos por ti, el señor Alberto está enfermo de tanta tristeza. Creo que es mejor si no vas más allí. Les está diciendo a todos que moriste para él y que debemos olvidar que existes.

– No es mi culpa, Geni, fuiste tú quien no aceptó a Gilberto.

– ¿No te parece raro que todo el mundo piense una cosa y solo tú otra? – preguntó Geni.

Ana trató de justificarse, hablando apresuradamente:

- Es porque no conocen a Gilberto como yo. Si lo hicieran, cambiarían de opinión. Pero, ¿me harás o no este favor?

- Voy a hacerlo. Carlos cree que deberíamos sacar todo lo que queda de ti de allí pronto. Ana nos vamos a mudar a casa de tu padre el fin de semana. Sabes que siempre lo he querido como si fuera mi padre y no queremos que esté solo. Te equivocaste cuando dijiste que no queríamos que te casaras para no estar con él. Me mudo allí y es un placer hacerlo, seguro que estará mejor con nosotros que contigo, que últimamente no eras la buena hija que siempre fuiste. Ana, Carlos y yo recogeremos todo lo tuyo mañana y pagaremos el envío para que te lo lleven a tu casa.

- Gracias Geni - dijo Ana -. Creo que estás tratando de decirme que se supone que no debo venir más aquí.

- Como te dije, nos mudamos. Carlos, al igual que sus otros hermanos, están dolidos por lo que le hiciste a tu padre. El señor Alberto no quiere verte más, y nosotros tampoco. Tú elegiste y espero que realmente hayas elegido lo mejor para ti.

Ana sonrió con torpeza. Se sintió un poco celosa. La casa de su padre era buena, situada en un barrio de lujo, tenía tres habitaciones, era ventilada, con un jardín con muchas flores. Tenía la esperanza que su padre los invitara a vivir allí, pero con la mudanza de su hermano, estaba seguro que su padre no lo haría.

- Gracias, Geni - dijo Ana nerviosa.

Sintiendo que su cuñada quería que se fuera, se despidió. Se fue a casa pensando:

- "Papá estará bien. Con Geni y Carlos viviendo allí, no estará solo, no tengo que preocuparme por él ni por nadie más, mi atención debe estar en Gilberto y el bebé."

Sin embargo, sintió que había sido reemplazada tan rápido y que todo se había solucionado sin ella. "¿No era tan importante? ¿O no merecía serlo?" Trató de lucir feliz por Gilberto, tuvo que desconectarse de su familia, que ya se había olvidado de ella.

Temprano al día siguiente, una carreta se detuvo en su puerta.

– Doña Ana – dijo el chofer – su cuñada Geni le mandó esto.

Bajó bolsas y cajas, las puso en la sala y se fue.

Allí estaba todo lo que era de ella: algunos libros, objetos, ropa todo limpio y planchado, todo en orden.

– Parece que estoy viendo a papá organizar estos objetos. Todo ordenado, como siempre le gustó.

Se entristeció cuando tomó una blusa, la que él le había regalado por su cumpleaños. Tomó la prenda, se la llevó a la cara y salió la imagen de su padre, triste, con lágrimas en los ojos, arreglando aquellas cajas. Intentó animarse y poner todo en su sitio.

La vida de Ana cambió. Se ocupaba de la casa y de Gilberto. Ya no veía a sus amigos y familiares, rara vez hablaba con sus vecinos, que siempre estaban sobrecargados de trabajo y problemas. Tuvo un embarazo tranquilo, aunque tenía muchas náuseas.

Cuando el bebé estaba por nacer, Ana comenzó a notar algunos cambios en Gilberto. Incluso se quejó con él, quien se defendió:

Disculpa, Ana, solo estoy nervioso, quería darte más comodidad, mejorar tu vida. Gano poco y todavía tengo que dar dinero a mis hijas.

– Lo entiendo y no te voy a cobrar nada, a menos que seas amable conmigo.

Hablando de tus hijas, hace tiempo que no las ves.

– Es verdad. yo voy el domingo Lívia y Vanessa me extrañan. ¿No es demasiada coincidencia que mis dos mujeres se llamen Ana? Su nombre es Ana Machado da Silva, y tú eres Ana María da Silva.

- Tú y yo tenemos el mismo apellido: Silva. Por eso el vecino de al lado pensó que estábamos casados. Si nos casamos no cambiaré mi apellido, mantendré el mismo.

Se rio. Ana sintió los primeros dolores y Gilberto la llevó al hospital. No fue posible un parto normal, por lo que se realizó una cesárea. Nació un niño hermoso y saludable, que se llamó Rodrigo.

- Gilberto –le pidió–, por favor ve y dile a mi padre y a mis hermanos que nació nuestro hijo.

Fue frustrado, solo para servirla. Fue recibido por Lúcio, que ni siquiera lo invitó a pasar, solo lo escuchó, desinteresado. Cuando Gilberto calló, el hermano de Ana dijo:

- Gracias. Dile a mi hermana que no nos importa y que ustedes dos sean felices.

Gilberto estuvo a punto de responder, pero Lucio cerró la puerta dejándolo desconcertado. Se fue enojado y descargó su mal humor en Ana. Ella lloró, sintió, él se fue y solo llegó a casa de madrugada, oliendo a bebida.

Gilberto cambió, iba al bar cada vez más y por más tiempo, ya no la trataba como antes, siempre estaba nervioso. Él la culpó por la falta de dinero y se quejó que tenía que darles una mesada a sus hijas.

Rodrigo no tenía ni un año cuando Ana volvió a quedar embarazada. Gilberto estaba feliz:

- ¡Otro chico!

El segundo embarazo fue más difícil y ella hizo todo lo posible para evitar pelear con él, que cada vez estaba más gruñón.

Con dolores fue al hospital sola, porque Gilberto había salido a caminar. Dejó a Rodrigo con el vecino. Tenía mucho dolor, era feriado y no había médicos en el hospital. Precisamente el otro día un médico decidió hacer una cesárea.

– Doctor, por favor opéreme para que no tenga más hijos.

Y el médico la atendió: le hizo una ligadura de trompas después que naciera Marcelo, sano y fuerte.

Gilberto estaba feliz con su hijo, pero pronto volvió a su vida de bares, bebidas y nervioso en casa. Ana ni siquiera intentó esta vez advertir a su familia. Durante todo el tiempo que había pasado, solo había visto de lejos a un sobrino con su cuñada. Extrañaba y dolía que no querían ni ver a sus hijos.

Marcelo tenía tres meses cuando Ana empezó a hacer delicias para el dueño de un bar cercano a su casa. El dinero que le dio Gilberto fue suficiente para comprar comida. Necesitaban de todo: ropa, medicinas, tratamiento dental, porque ella nunca había ido al dentista desde que se vino a vivir con él. Ella empezó a trabajar mucho, él solo pagaba el alquiler y el resto lo tenía que pagar ella con el dinero que recibía haciendo meriendas y dulces.

"Era soltera, me quejaba de las tareas de la casa y hacía tan poco. Papá me ayudaba y tantas veces encontraba comida lista, hasta en mi plato. ¡Mi hermana y mis cuñadas ayudaban tanto! ¡Mi trabajo en la tienda era tan ligero! ¡Qué feliz estaba! ¡No lo sabía!

Empezó a pensar mucho en su padre y a extrañar su casa, sus hermanos, la vida que tenía. Siempre estaba cansada, a veces trabajaba hasta tarde o se levantaba de madrugada para ocuparse de todo. Gilberto casi nunca se detuvo en casa.

– Ana – exigió –, quiero mi ropa bien lavada y planchada. Sabes que tengo que vestir razonablemente bien en el trabajo.

– Gilberto, estoy trabajando demasiado, estoy cansada. Es mejor que te quedes en casa más tiempo y me ayudes.

Gilberto se dio la vuelta y le dio una bofetada en la cara, que si no hubiera sido por la pared hubiera caído al suelo.

– ¡Vagabunda! ¡No me llenes más! ¡No puedo soportar más esta miserable vida!

Se fue nervioso. Ana estaba asombrada, le dolía la cara, que enrojecía, pero por dentro le dolía más. Lloró durante horas, sintió.

- "¡Papá tenía razón! ¡Gilberto no sirve! ¿Por qué solo entendí esto ahora?" Extrañaba aun más a sus familiares. Sabía poco de ellos y decidió visitarlos el domingo. Gilberto salía temprano todos los domingos a jugar al fútbol con sus amigos y solo regresaba por la noche. Ella no le dijo nada, temiendo que él la detuviera o quisiera seguirla. Por la mañana, Ana se vistió lo mejor posible y los niños también, y se dirigió esperanzada hacia la casa de su padre.

Se acercó a su antigua casa con el corazón acelerado. Vio a Carlos en la puerta. Ana lo llamó, él la miró y se acercó lentamente a su encuentro.

- ¡A–N–A! – Él exclamó.

- Carlos, vine a ver a papá...

- Papá no quiere verte. Para él, para nosotros, moriste cuando saliste de casa ese día para unirte a ese bastardo. Papá sufrió mucho, teníamos miedo que él muriese por tu culpa, nosotros también sufrimos. Pero pasó. Ahora papi está tranquilo, aquí en casa no se habla de ti. No creo que este sea el momento para que lo veas.

- ¿No quieres que lo vea? – Preguntó ella, tratando de no llorar.

Carlos bajó la cabeza, ni siquiera miró a sus sobrinos, respondió con firmeza y en voz baja:

- ¡No soy yo! De hecho, nadie quiere verte. Cuando tenga la oportunidad, le preguntaré a papá si quiere verte. Si acepta, te lo haré saber. ¿Te enfermaste? Por lo que sé de ese hombre, debe ser infeliz. Sabemos que bebe, va mucho a bares, tiene amantes.

Honestamente, no queríamos esto para ti, pero no puedo evitar decirte o recordarte que te lo advertimos. Como también creo que solo se acordaba de nosotros, papá, porque estaba en dificultades. Será mejor que vuelvas a tu casa. Ya nos has traído demasiados problemas.

– Carlos, no vine a pedir ayuda.

– Es incluso mejor, Ana. No te ayudaríamos. Ya hiciste tu elección, ¡ahora espera!

Dio media vuelta y caminó de regreso a la casa. Ana lo miró por unos segundos, apretó más la mano de Rodrigo y estrechó a Marcelo entre sus brazos. Por más que trató de no llorar, las lágrimas corrían por su rostro.

Ana, desanimada, comenzó a caminar de regreso a su casa.

– Estoy cansado, mamá – se quejó Rodrigo.

Se los llevó a los dos, también se sentía cansada y triste. No caminó mucho y encontró a un vecino que llevaba una calesa. Él le ofreció llevarla. Ana aceptó, aliviada. Se sentía muy triste y no tenía ganas de hablar; el vecino, buena persona, se dio cuenta y se puso a jugar con los chicos, que disfrutaron del paseo. Al llegar, ella le dio las gracias, entró rápido a la casa y luego lloró mucho.

– Debo haber hecho sufrir demasiado a mis hermanos y a mi padre. ¿Es por eso que estoy siendo castigada? ¡No, no lo creo! Lo que me está pasando es una reacción a mi imprudencia.

No quería ver la realidad. Gilberto no me engañó, fui yo quien no quería verlo como realmente es. ¡Cómo ha cambiado mi vida! ¡Qué cambio de vida!"

En la tarde, cuando llegó Gilberto, ella le contó sobre su intento de ver a su padre.

– ¡Bien hecho por ti! ¿Quién te envió allí? Sería bueno si nos aceptaran tal vez ayudarnos. Pero ninguno de ellos te quiere a ti ni a tus hijos. ¡Asegúrate de entender esto y no los busques más! ¡Avergüénzate!

– ¡Gilberto, sufro por su desprecio! – Ella se quejó.

– Bueno, no me molestes últimamente, solo sabes quejarte.

– ¡Me separé de ellos por tu culpa! – gritó Ana nerviosa.

– ¡No es mía! – Gritó también –. ¡Tú fuiste la culpable! ¡Solo tú! ¡Quedaste embarazada a propósito para atraparme! Si hubieras escuchado a tu familia, hubiera sido mejor no solo para ti, sino también para mí.

La ofendió mucho. Ana tomó represalias y terminó recibiendo una paliza. Le dolía el cuerpo, pero mucho más íntimamente. Nunca pensó que podría ser golpeada así por alguien a quien creía que amaba y era amada.

Y desde ese día, cuando decía algo que a Gilberto le parecía malo, la golpeaba. Ana empezó a evitar molestarlo. Pero a veces ni siquiera tenía que decir nada; cuando llegaba borracho a la casa la golpeaba.

Quería encontrar una solución, no sabía cómo, le tenía miedo. Incluso pensó en separarse, pero no podía sobrevivir sola con sus dos hijos, trabajaba mucho y ganaba poco.

Y después de hablar con Carlos, estaba segura que su familia no la ayudaría. Se arrepintió.

– "Pero – pensó – no se puede retroceder en el tiempo. No apreciaba la felicidad que tenía, no quería escuchar a las personas que realmente me amaban. ¡Ah, si los hubiera escuchado! Cierto, ¡fui la tonto de creerle! No hay otro camino que aceptar este cambio de vida, el que yo, engañada, elegí.

Y trató de hacer todo lo que pudo para vivir lo mejor que pudo.

2.- AÑOS DIFÍCILES

- Ana - dijo Délia, su vecina y amiga - tienes que rezar, tienes que ir a la iglesia.

Cuando no oramos, las cosas empeoran.

- Es verdad, Ana - dijo Antonia, otra vecina -. Nunca te vi ir a la iglesia, creo que fue solo para el bautizo de tus hijos. Hablando de bautismo, ¿dónde están los padrinos de estos niños?

¿No te ayudan?

- ¡Nada! - Respondió Ana -. Ni siquiera los conozco bien, son compañeros de trabajo de Gilberto. Ellos, después del bautismo, no vieron más a sus ahijados. Gilberto dice que no los invita a venir aquí porque le da vergüenza la pobre casa.

- Bueno, volviendo al punto, debes rezar", insistió Delia.

- No tengo ropa para ir a la iglesia - se quejó Ana.

- Bueno, ve en un momento en que no haya nadie. También me da vergüenza ir a misa, va mucha gente elegante. Si quieres ir mañana por la tarde, te cuidaré a los niños - ofreció Antonia.

- Quiero y gracias, hace tiempo que no entraba a una iglesia a rezar.

- Ora con fe - aconsejó Délia - para que tu vida mejore y Gilberto se vuelva más humano. Golpearla así eventualmente te lastimará mucho.

Ana sonrió tímidamente. Las casas eran todas cercanas, pequeñas, no podía ocultar lo que estaba pasando allí, todos sabían lo que estaba pasando. Y era común allí que el marido golpeara a su mujer. Se avergonzó de escuchar lo que Delia había dicho, pero entendió que no pretendía hacer daño. Los vecinos, especialmente ellas dos, eran buenas personas y se ayudaban mutuamente en todo lo posible. Ana ayudaba a Délia a lavar la ropa y se quedaba mucho con los hijos de Antonia cuando ella tenía que salir. Ellos correspondían, eran amigas y le caían bien a Ana. Últimamente, solo hablaba con las vecinas. Ya no volvió a ver a sus antiguas compañeras, una vez encontró a quien creía que era su mejor amiga, pero fingió no conocerla. Trató de ser buena amiga de los vecinos y ellos también la querían. Al día siguiente, Ana se levantó más temprano, preparó menos bocadillos y fue a la iglesia por la tarde. Ésta estaba lejos de tu casa así que tuvo que caminar bastante. Se alegró, hacía mucho tiempo que no salía sola y no tendría que preocuparse por los chicos; Estarían bien con Antonia.

Entró en la iglesia, se sentó en una banca y empezó a observar todo. El templo era hermoso, sentía paz y rezaba... Nunca siguió una religión. La madre, católica, rara vez iba a la iglesia. Su padre, presbiteriano, también asistía rara vez. Para no pelear, sus padres no les dijeron a sus hijos sobre su religión y terminaron sin darles una orientación religiosa. Realmente, pensó, no había rezado en mucho tiempo. Se sentía bien, como si hubiera recibido alimento espiritual. En efecto, la oración nos alimenta, nos fortalece, con ella atraemos energías benéficas y reconfortantes.

Lástima que no pudo quedarse más tiempo. Regresó feliz a casa. Y desde ese día Ana empezó a orar en casa, porque era difícil salir con los niños para ir a la iglesia, porque tenían que caminar mucho y no aguantaban, y ni ella los podía cargar.. A Ana no le gustaba molestar a los vecinos, pidiendo quedarse con sus hijos, porque estaban muy ocupados y tenían tantas dificultades...

Marcelo se enfermó, amaneció con fiebre, diarrea y vómitos. Ana se inquietó y, por consejo de los vecinos, le dio té, pero empeoró y pronto en la tarde Rodrigo también comenzó a sentirse mal. Aterrada, Ana le pidió al hijo de Délia que fuera a buscar a Gilberto al bar. Délia vino a ver cómo estaban los chicos. Preocupada, aconsejó:

– ¡Llévalos al médico! Iré contigo al hospital, ¡vamos a llevarlos a una sala de emergencias! Están empeorando y no pueden esperar.

– ¡Délia, no tengo dinero!

– ¡Ni yo! Encontraremos la manera, en el hospital atienden a los pobres gratis.

– Puede que Gilberto lo encuentre mal... – se lamentó Ana. Délia la abrazó cariñosamente y le dijo:

– Vamos, Ana, no deberíamos estar esperándolo, ni siquiera sabemos si vendrá. Por la noche todo se complica y son casi las seis de la tarde. ¡Vamos!

Délia tomó a Rodrigo y Ana, Marcelo, y caminaron rápidamente hacia el hospital. Delia tenía más iniciativa. Llegando al hospital, les pidió, les rogó que atendieran a los muchachos. La enfermera se quejó de la hora, pero los dejó entrar. Miró a los chicos y dijo:

– Llamaré al médico.

El doctor vino y los examinó.

– Serán hospitalizados, los medicaré.

– Por favor, doctor –pidió Ana–, yo nunca me he separado de ellos.

– No hay otra manera, señora – respondió amablemente el médico –. Ambos deben permanecer hospitalizados y tomar su medicación. Se quedarán en la enfermería, los juntaré, para que no se sorprendan. Regresa a casa en paz, estarán bien atendidos. Mañana por la tarde puedes verlos, y si están bien, pueden ir contigo.

Ana los besó, tratando de no llorar, de no asustarlos. La joven se los llevó. Rodrigo lloraba, pero Marcelo estaba tan débil que no le importaba; se acomodó en el regazo de la enfermera, quien lo tranquilizó. Délia abrazó a la joven madre y las dos regresaron a sus casas. La vecina, conociendo a Gilberto, fue con su amiga a su casa para defenderla, si fuera necesario. Estaba nervioso, esperándola. Al verla gritó:

– Ana, ramera, ¿dónde estabas? ¿Dónde están los niños? ¿Por qué enviaste por mí? ¿Quieres recibir una paliza?

– Tranquilo, Gilberto – dijo Délia con firmeza –. Fuimos a llevar a los chicos al hospital y estaban hospitalizados. No están bien. Lo están pasando mal...

– ¿Ellos están enfermos? – Tartamudeó –. ¿Están allí solos?

– En la enfermería – respondió Ana, llorando.

– Creo que saldré y pediré dinero prestado a amigos y pagaré su tratamiento. ¡Es eso! Iré y volveré con el dinero. No llores Ana, encontraré la manera – dijo Gilberto. Se retiró.

– Ana, yo también me voy – dijo Délia.

– ¡Gracias, Delia, muchas gracias! – Ana se expresó agradecida.

Al menos Gilberto no la golpeó. No creo que consiga el dinero, debe haber ido a ver al otro. ¡Sinvergüenza! Trata de descansar, amiga, los chicos están bien. En el hospital estarán bien atendidos, tomarán medicinas y pronto estarán aquí de nuevo y sanos.

Ana todavía limpiaba la casa, lavaba la ropa. Solo entonces se fue a la cama. Nunca, hasta entonces, se había sentido tan falto de dinero y apoyo, y tenía miedo que sus hijos murieran. Sintió una punzada en el corazón, quería tener un hombro amigo para llorar. Quería mucho a sus hijos, eran todo lo que tenía. Ella oró hasta que la fatiga la venció y se durmió. Soñó con su madre. Estaban en un lugar hermoso y tranquilo, Ana pensó que era en un jardín. Doña Rita le acariciaba el cabello, le decía muchas cosas, pero al despertar sólo recordaba estas palabras: "Tranquila hija mía, todo pasa, los muchachos se quedarán contigo aun más."

Gilberto recién llegó de madrugada; oliendo a alcohol, se acostó y durmió, no dijo nada del dinero ni de los muchachos. Al otro día, al salir para el trabajo, dijo:

- Ana, no conseguí el dinero, pero mis amigos me aseguraron que en el hospital los tratarán bien; así que estaba tranquilo. Y no deberías preocuparte.

Ana trabajó duro. El sueño le dio fuerzas, lo tuvo todo el día en su memoria, parecía que aun sentía el cariño de su madre. La extrañaba mucho a ella, a su padre y a su familia. La tarde fue al hospital. La enfermera la llevó a verlos. Marcelo seguía tomando líquidos intravenosos, pero Rodrigo estaba mejor, jugando en su cuna. Se alegraron de verla. Ana, al saber que los niños estaban bien, se puso feliz, los abrazó y los besó.

- Mamá –dijo Rodrigo–, me puse la misma inyección que Marcelo y solo lloré un poco. La joven me dio comida, estaba deliciosa, me tomé toda la leche, no sentí frío, ¡soy tranquilo y obediente!

- Ahora eres un buen chico, mamá está feliz contigo.

- Doña Ana – dijo la enfermera – el médico dijo que mañana se los podrá llevar. Y que están desnutridos, necesitan comer mejor.

Ana se secó las lágrimas, la enfermera la observó bien y siguió hablando:

- Conozco algunas señoras, buena gente, que ayudan a familias pobres, sobre todo si tienen hijos. Si quieres, les daré tu nombre y dirección. Este grupo dona ropa y comida.

- ¡Sí, señora, gracias!

La enfermera anotó su nombre y dirección.

- "¡Dios mío! - pensó -. Necesitar la caridad de los demás para que mis hijos estén mejor alimentados. ¡Qué situación! Pero me alegro que haya gente buena, que ayude. ¡Que Dios me proteja!"

Regresó a casa triste, pero aliviada de saber que estaban bien. Gilberto salió del trabajo y vino directo a casa.

- Ana, ¿fuiste a ver a los chicos? ¿Cómo están? - Preguntó nada más al llegar.

- Están mejor, la enfermera dijo que mañana los puedo traer a casa.

Gilberto, el doctor dijo que necesitan comer mejor.

- ¿No les das de comer? - Preguntó.

- Por supuesto que les doy, ¡pero siempre tenemos tan poco! - Respondió ella con tristeza.

- Te daré más dinero para que puedas comprarles fruta y leche. Como los chicos no llegaron a casa y están bien, me voy a distraer un poco, hoy trabajé mucho. Vuelvo luego.

Se fue y Ana se puso a trabajar. Quería avanzar en su servicio para poder dedicarse más a sus hijos al día siguiente. Tristemente concluyó:

- "Gilberto debe tener otra mujer. Mi hermano, Carlos, me dijo ese día que tenía amantes. A Délia se le escapó que tiene otra. Pero eso no me importa. ¡Solo desearía que me tratara mejor!"

Al otro día, Délia la acompañó al hospital para ayudarla a traer a los niños. Gilberto llegó a casa después del trabajo, trajo leche y fruta, complació a los niños, y no fue un evento raro. A los chicos les gustaba, extrañaban su casa, a su madre, y se distraían con los juegos de su padre. Pero al día siguiente volvió a su rutina.

Unos días después, Ana recibió la visita de tres señoras. Hablaban con ella, hacían preguntas, Ana estaba avergonzada, pero respondía con sinceridad.

- Mi esposo y yo trabajamos, miren las señoras, hago dulces y botanas para el dueño del bar de allá en esa esquina, pero no puedo. Es que mi pareja tiene dos hijas más con su mujer y las mantiene. El sueldo es bajo y...

- Muy bien, doña Ana, vamos a ayudarla – dijo una amable señora –. Todos los meses llevaremos comida y ropa. Aquí está la ayuda de este mes.

Ana recibió la caja, estaba feliz y lo agradeció con emoción. La ayuda fue una bendición, ahora podía alimentar mejor a sus hijos. Así, comenzó a recibir todos los meses la canasta, con alimentos y ropa. Pero temía que esas señoras se enteraran que Gilberto bebía que frecuentaba los bares. Tenía miedo que no entendieran su situación, que ella le tuviera miedo, que la golpearan, que no quisiera que la llamaran pícara. No le gustaba la vida que llevaba, pero no podía cambiarla.

- "Hace mucho tiempo –pensó– no lo creería si me dijeran que alguien puede aguantar todo lo que he estado pasando. Seguro que diría que esa persona era así porque quería, y que si de verdad quisiera cambiar encontraría la manera. No es tan fácil. Si me voy de casa ¿a dónde voy a ir? ¿Quién me va a dar trabajo con dos hijos? ¿O dónde dejarlos? Si tan solo aquí en esta ciudad hubiera lugares donde puedan quedarse, como en las grandes ciudades. ¡O si los miembros de mi familia me aceptaran!"

Un día, temprano en la mañana, llamaron a su puerta. Era una mujer.

- ¿Eres Ana Silva?

Ana la miraba, no la conocía, no era de alrededor.

- ¡Sí, lo soy! – Respondió ella con curiosidad.

- Tu hermano Carlos me pagó para buscarte y darte un mensaje. Trabajo en el hospital, soy señora de la limpieza. Tu padre está hospitalizado y quiere verte.

– ¡Papá! ¿Qué tiene mi padre? – Preguntó angustiada –. Está enfermo y su caso es grave. Aquí está el número de su habitación. Tu hermano mandó a decirte que puedes irte cuando quieras y, si es posible, que vayas hoy. Y que no está nada bien – respondió la mujer.

Ana tomó el papel. Solo estaba escrito el número de la habitación, se sintió un poco mareada, trató de sonreír y dijo en voz baja:

– ¡Gracias!

Se quedó con el papel en la mano sin saber qué hacer. Se acordó de Délia y corrió a su casa. Ella estaba lavando la ropa. Le contó todo.

– Délia, ¿qué hago?

– Ve a ver a tu padre – respondió la amiga.

– ¡Si le digo eso a Gilberto, no me dejará!

– ¡Pues no le digas! Acelera tu servicio como yo he acelerado el mío. Ve tarde a visitar a tu padre y deja a los niños conmigo.

– Voy a hacer eso. ¡Gracias, Délia!

Hizo su trabajo agonizantemente, pensando en su padre todo el tiempo. ¿Cómo estaría? ¿Moriría? ¿Qué quería con ella?

La tarde fue al hospital. En la conserjería, la encargada le pidió que esperara un momento. Fueron minutos que parecieron horas, la joven sonrió al regresar y dijo:

– Venga, señora, la llevaré a su habitación.

Con el corazón desbocado, siguió a la chica. Intentó en vano calmarse.

– Es aquí. Entra, tu padre te está esperando.

La niña abrió la puerta, entró, su padre estaba solo en la habitación. Ana lo miró, sintió ganas de llorar, estaba pálido y muy delgado.

– ¡Papá! – finalmente logró tartamudear. Abrió los ojos y sonrió:

– ¡Hija! ¡Acércate!

Ella lo hizo tímidamente. El padre la miró bien y las lágrimas corrían por su rostro.

– ¡Hija, quería verte!

– ¿Cómo estás? – Ella preguntó.

– Mal, creo que me voy a morir. ¿Morir? ¡No sé! Ana, llevo mucho tiempo sintiendo a tu madre a mi lado y eso me asegura que no nos morimos. La muerte debe ser sólo para el cuerpo; el alma es eterna, vivirá en otra parte. Nadie cree que siento a tu madre conmigo. Quiere que la perdone y me ha estado hablando de dormir.

Ayer al despertar sentí hasta sus manos acariciando mi cabello. Esto me ha dado mucha fuerza; he estado sintiendo dolor, malestar, pero no me quejo. Rita me dijo, no puedo explicar cómo, pero la escucho, que tú, hija, eres infeliz, que te arrepientes, pero que aun estarás bien, tendrás días tranquilos. Le creo, mi esposa nunca mintió.

El señor Alberto se cansó, hizo un gran esfuerzo para hablar, se quedó callado, descansó unos minutos.

Ana se contuvo de llorar, se quedó ahí al lado de la cama, sin saber qué hacer, solo mirándolo.

– ¡Dame tu mano, hija!

Ana tomó la mano de su padre con fuerza.

– ¡Papá, perdóname!

- ¡Te perdono hija! ¡Yo te perdono! Yo también fui intransigente. Y nunca me buscaste. Quería conocer a tus hijos, mis nietos. ¿Ellos son bonitos?

- ¡Son sí! ¿Puedo besarte?

- ¡Sí! – Dijo el señor Alberto, suspirando. Ana le dio un beso en la frente y recibió otro beso en la mejilla. Sonrieron entre lágrimas.

- ¿Crees hija, que yo escucho a tu madre? – Preguntó el Sr. Alberto.

- Sí, papá, lo creo – respondió Ana con sinceridad.

- Me dice que estaremos juntos en un lugar hermoso y tendremos muchas alegrías.

Gracias por venir, necesitaba hablar contigo.

- ¡Te amo! – Exclamó Ana, emocionada. Alguien llamó suavemente a la puerta y entró una enfermera.

- ¡Tiempo de inyección! Por favor, señora, tendrá que dormir.

- ¡Ya me voy! ¡La bendición, papi!

¡Ve con Dios!

¡Dios te bendiga hija! ¡Sé feliz!

Ella no quería irse, tenía ganas de estar más cerca de su padre, él le sonreía dulcemente, lo besó de nuevo y se fue rápidamente. En el pasillo vio a Lúcio, quien le dio la espalda. Ana se fue y las lágrimas insistieron en correr por su rostro. La reconciliación le hizo bien, le quitó un peso de encima, ser bueno con los demás es bueno para nosotros.

- "Volveré – pensó –. Pasado mañana es domingo y vendré a verlo de nuevo. Carlos no le dijo a papá que fui a verlo esa vez. Es mejor que no sepa que no se me permitió visitarlo."

El domingo por la mañana llamaron a la puerta. Ana estaba asustada, pero luego se alegró, porque era su sobrino. No lo había visto por un tiempo, era joven y guapo.

– ¡Romeo, que placer verte! – Ella abrió los brazos, queriendo abrazarlo, pero él la evitó.

– ¡Tú vives aquí! – Dijo el joven, asombrado.

– ¡Entra! – Ella invitó.

– No puedo tía. Solo vine a avisarte que el abuelo falleció esta mañana. Se está velando en la capilla del cementerio, el entierro será a las siete de la mañana. Tengo prisa, tengo que avisar a los demás familiares. ¡Hasta luego!

Se fue a toda prisa. Ana lo miró fijamente. Le era muy querido su sobrino Romeo, el mayor y el que había pagado mucho. Ahora, una persona indiferente, había venido aquí solo para cumplir con una obligación, para advertirla de la muerte de su padre. Al recordar a su padre, se entristeció:

– "¡No fui una buena hija!"– pensó.– Siempre me quejaba de todo, exigía, y la vida me enseñó, pude haber aprendido a través del cariño, del amor, a valorar lo que tenía. ¡Espero haber aprendido! Solo veo su cuerpo, fue en el hospital donde lo vi por última vez."

Gilberto ya se había ido y esta vez se dirigió a Antonia, quien se quedó con los chicos para poder ir al cementerio. En el camino, pensó en los momentos felices que vivió en casa de sus padres. En su cumpleaños siempre era una fiesta, recibía regalos de sus hermanos, sus padres hacían una fiestecita para sus amigos. Incluso después de la muerte de la madre, el padre insistió en continuar la fiesta. No podía decir que sentía dolor porque su padre pronto prepararía té y le daría medicina.

– "Siempre me estaban mimando. Ahora todo es diferente, hasta me olvidé de mi cumpleaños este año, nunca nadie me volvió a dar regalos. Y si le quejo algún dolor a Gilberto, él reacciona con rudeza. Peor son las agresiones. Cuantas dificultades ¡Qué años tan difíciles he afrontado!"

Llegó un poco avergonzada y entró en la capilla. En aquella época era costumbre velar en casa, pero algunos se velaban en la pequeña capilla del cementerio. Ana no sabía si fue su padre quien la eligió o sus hermanos. Se acercó al ataúd, su padre parecía estar durmiendo. Recordó lo que él le había dicho sobre su madre.

– "Los dos ahora deben estar juntos y felices" – pensó.

Solo unos pocos tíos vinieron a saludarla. Ana estaba segura que todos los presentes debían conocer sus dificultades, se sintió observada, sintió ganas de llorar, hizo un esfuerzo y logró contener las lágrimas. Tenía la sensación que muchos pensarían que estaba bien hecho que ella hubiera fallado. Parecía que sus pensamientos la llegaban: "¡Bien hecho! ¡Ana eligió! ¡Vivir con un hombre sin estar casada!"

Sintiéndose fuera de lugar, avergonzada, se quedó en un rincón tranquilo, oró a su padre con fe, le pidió a Dios que lo acogiera en un buen lugar. Sin poder explicar por qué, estaba segura, sentía que su querido padre no estaba allí y que debía guardar en ella los amorosos momentos de reconciliación.

Pensando que no debería quedarse allí más tiempo, se fue antes de lo planeado. Ana tenía una sensación extraña, no tenía ganas de llorar por la muerte de su padre, pensaba que él estaría bien y que la amaba.

Caminó rápido y pronto llegó a casa.

– ¿No te quedaste al funeral, Ana? – preguntó Antonia –. Los chicos son buenos.

– Me sentí fuera de lugar allí, Antonia – respondió Ana –. Mis hermanos y sobrinos ni siquiera me miraron.

– No estés triste por eso. Lo importante es que su padre te perdonó y que ustedes hicieron la paz.

– ¡Así es! – Exclamó Ana, emocionada –. Estoy agradecida con Dios por eso, por darme esa oportunidad.

En la noche, cuando llegó Gilberto, ella le dijo, pero él no dijo nada. Ana se esforzaba por no estar triste, y cuando recordaba a su padre lo hacía con cariño, recordando los besos que intercambiaban.

Cinco días después, Gilberto llegó a casa furioso.

Ana, fui a tu casa, la que era de tu padre. ¡Encontré a tus hermanos y me amenazaron casi me golpean! ¡Miserables!

– ¿Qué estabas haciendo allí? – Preguntó ella, asombrada.

– ¡Reclamar lo que es tuyo! ¡Inteligente! ¿Sabes lo que hicieron? Deben haber obligado a tu padre a pasarles todo durante su vida. ¡No tienes derecho a nada! No obtendrás un centavo. Me mostraron los documentos, todos registrados. Para saber si esos papeles eran reales, le pregunté a un empleado de la fábrica que trabaja en la oficina y que entiende esto, me lo confirmó. ¡Has sido repudiada!

Después de maldecir mucho, fue al bar. Ana suspiró aliviada, contenta de no haberlo golpeado.

– Gilberto no debería haber ido allí – se lamentó. – Realmente no quería nada de ellos.

No se volvió a hablar de ello y su vida continuó de la misma manera. Había momentos en que Gilberto parecía estar de mejor humor, en otros peor, y por alguna razón la golpeaba. Era exigente con su ropa, siempre quería tenerla limpia y bien planchada. Un día, cuando iba a repartir los dulces y snacks en el bar, un hombre la miró con descaro.

– ¿Así que eres la esposa de Gilberto? El embaucador no sabe valorar la belleza de mujer que tiene. Mi nombre es Miguel, encantado de conocerte!

- ¡Mucho gusto! - Respondió Ana girando la cara y dejándolo con la mano extendida –. Estoy con prisa. Sr. Matías, tome las bandejas que tengo que dejar.

- ¡Qué pena! - Dijo el hombre con cinismo –. Podrías quedarte un poco más y beber conmigo, ¡yo pago!

- ¡Gracias! No bebo y no me gusta ir a bares. ¡Por favor! Agarró las bandejas y salió corriendo. Justo después de pasar la puerta que daba a la acera, la toalla cayó y se inclinó para recogerla. La gente dentro del bar no podía verla. Pensando que estaba lejos, comentaron y Ana escuchó:

- Miguel - dijo el dueño del bar –, Doña Ana es una mujer trabajadora, seria. ¡Dejen en paz a la pobre!

- Ahora, ¿quiere ella la paz como dices? Bueno, puede que no sea tan honesto. ¡El marido la traiciona todos los días con una! ¡Y encima la golpea! Si me prestara atención, incluso me gustaría abofetearla. Por cierto a ella le gusta!

Ellos se rieron...

Ana sintió que le ardía la cara, regresó a casa rápida y triste. Sospechaba que estaban hablando de ella, pero saberlo con certeza dolía. Todos en el barrio sabían de sus problemas, se sentía humillada.

- "Todavía estoy orgullosa - pensó - pero ¿por qué orgulloso?"

Hacía tiempo que había notado que Gilberto, cuando tenía una aventura con alguien, mejoraba su estado de ánimo, y prefería tener siempre un amante, porque además de no quererlo más, le daba asco.

- "¿Amor?"- pensó.- ¿Alguna vez amé a Gilberto? Fue solo una pasión que con el tiempo no dejó nada...

En casa, se consolaba abrazando a sus hijos. Rodrigo tenía tres años y Marcelo casi dos. Eran hermosos y ella los amaba mucho.

– "Es algo bueno, pensó que Gilberto no los golpea." No les hacía caso, los veía pocas veces, porque pocas veces se quedaba en casa, venía a cenar, a ducharse, llegaba tarde y se iba temprano, cuando los chicos siempre dormían.

A veces jugaba con ellos, hablaba con orgullo:

– ¡Ustedes, cuando sean grandes, serán médicos! Serán ricos, su padre los aconsejará.

Ana acercó a sus hijos a su corazón y los besó. Se rieron felices. rogó a Dios: "¡Padre, dame fuerza para criarlos, para protegerlos!"

3.- Las Niñas

Aun no estaba listo el almuerzo cuando Gilberto llegó nervioso. Ana estaba asustada, comía en el trabajo y nunca había vuelto a casa a esa hora.

– ¿Qué pasó, Gilberto? – Preguntó preocupada.

Recibí un mensaje en la fábrica que Ana, mi esposa, murió... – Respondió poniéndose pálido.

– ¿Qué? ¡Pero ella era tan joven! ¿Estaba enferma? – Preguntó Ana, preocupada.

– No sé, me acaban de decir que ella falleció. No creo que estuviera enferma, no se quejó de nada la última vez que la vi. Tengo que ir allí y encargarme de todo, voy enseguida, a la primera hora del tren. Empaca una bolsa con un cambio de ropa, es posible que tenga que dormir allí – respondió.

– ¿Y las chicas? ¿Que será de ellas? – Preguntó Ana –. ¡Deben estar solas y sufriendo!

¡Por supuesto! – dijo Gilberto, molesto –. Perdieron a su madre. Ana fue mala esposa, no tengo tanta suerte, dos Anas, dos pestes. Pero ella era una buena madre.

– Trae a las niñas aquí, Gilberto, tú eres el padre – dijo Ana con pena por ellas. – ¡Tan joven y sin madre!

– No hace falta que me recuerdes que soy el padre. Cuanto desearía no serlo. ¿Qué voy a hacer con tantas mujeres que mantener?

– Yo te ayudo, no te quejes! – Dijo ella, tratando de animarlo.

– ¿Ayudar? ¡Ganas tan poco! Será mejor que me vaya pronto, o perderé el tren.

Ana se entristeció con la noticia. Era la primera vez que veía a Gilberto tan preocupado. Ella sabía poco sobre las chicas, él rara vez iba a verlas. Hasta donde sabía, no tenían muchos parientes, solo podían contar con su madre, ya que a su padre no le importaba nada. Se compadeció de ellas y rezó para que todo se resolviera de la mejor manera y pensó:

– "Si las chicas vienen aquí, las complaceré, las trataré bien, las amaré..."

Esperó preocupada el regreso de Gilberto. Tres días después vino con las niñas. Ana las miraba con cariño, eran muy hermosas, estaban asustados y tristes.

– Vengan a conocer a sus hermanos – les dijo Gilberto –. Este es Rodrigo, este es Marcelo. La casa es pequeña, pero nos mudaremos a una más grande. Las acomodaremos esta noche aquí en la habitación. Mañana iré a la estación a buscar tus cosas que te he enviado en el tren.

Gilberto estaba hablando, quería distraerlas, pero ellas se quedaron quietas, observándolo todo, silenciosas y temerosas.

Los chicos se acercaron a ellos, comenzaron a hablar y hacer preguntas, pero las dos solo respondían con monosílabos. Gilberto le indicó a Ana que lo acompañara a la cocina y susurró:

– Su madre murió repentinamente, del corazón. Se sintió mal, el vecino llamó al médico, pero cuando llegó ya estaba muerta.

Ana trató de hacer arreglos para acomodarlos, le pidió prestado un colchón a un vecino y lo puso en la sala para que durmieran. Hizo una sopa de la mejor manera, con lo que tenía, pero comieron poco. Se fueron a dormir. Ana se conmovió al verlas abrazadas, recostadas sobre el colchón. Una le dio fuerza a la otra.

El otro día, Gilberto fue temprano a la estación y volvió en una carreta con unos objetos. Le comentó a Ana:

– Esto lo tomé de su casa, tenían poco, las niñas solo tienen lo necesario, poca ropa, dos camas y una máquina de coser.

– Era de mamá – dijo Lívia –. Ella cosía para los clientes.

– Veré si puedo encontrar un comprador para esta máquina. Como aquí nadie cose, es mejor vender para tener dinero para mudarse – dijo Gilberto.

Las chicas intercambiaron miradas, Ana sintió que querían quedarse con la máquina, pero no dijeron nada. Les habló amablemente:

– Lívia y Vanessa, quiero que se sientan cómodas, es la casa de su padre, es de ustedes desde ahora. No tengan miedo, sé que es difícil ser huérfano, mi madre también murió y entiendo su dolor. Nos llevaremos bien.

– ¿Volverá alguna vez? – Preguntó la más pequeña, Vanessa.

– No – respondió Lívia –, nos han hablado mucho de eso, ¡mamá se fue y no volverá!

– ¡Lo dudo! – exclamó Vanesa –. Mamá nos ama y encontrará la manera de venir a nosotros para vernos.

Ana salió de la habitación, pero escuchó a Lívia decir:

– Mi madre pensó que esta otra Ana debía ser una tonta como ella. Son muy pobres, como nosotras, y ella trabaja muy duro.

– ¡Extraño a mamá y quiero llorar! – habló Vanesa.

– No llores hermanita, yo te cuidaré.

– ¡Eres tan pequeña como yo! – gimió la pequeña. Ana se emocionó y lloró. Se prometió a sí misma:

– "Son tan pequeños y sufren tanto. ¡Yo los ayudaré! Seré su segunda madre.

¡Pobrecitas!"

Lívia era muy parecida a su padre: cabello oscuro, ojos verdes, facciones delicadas, tenía ocho años. Vanessa tenía seis años y era muy diferente a su hermana; la más pequeña tenía algo, una delicadeza que cautivó de inmediato a todos, era más clara, de ojos oscuros, facciones delicadas, nariz pequeña y respingona.

– "Vanessa debe parecerse a su madre, Ana debe haber sido muy bonita" – pensó.

La casa era pequeña y se hizo diminuta. Ana hizo todo lo posible para acomodarlas y hacerlas sentir cómodos, pero estaban muy tristes.

– Ana – dijo alegremente Gilberto –, tengo otra casa, ahora estaremos mejor acomodados.

El domingo se mudaron. Aunque la nueva casa estaba cerca, a Ana le entristecía dejar a Délia y Antonia, su vecina y amiga. La casa a la que se mudaron era más grande, tenía dos dormitorios. Gilberto vendió la cuna y compró una cama individual.

– ¡Los hermanos juntos! – Él dijo –. Los cuatro niños se alojan en esta habitación más grande. Rodrigo y Marcelo, que son pequeños, dormirán en la misma cama y las niñas en la suya.

Estaban mejor instalados, aunque la casa era tan sencilla como las otras. Ana fue con Lívia a la escuela, Gilberto le había traído su transferencia. Al ver los documentos, la chica que se estaba registrando dijo:

– Doña Ana, su hija podrá venir el lunes.

Mientras se iban, Lívia comentó:

– Por el nombre, la chica pensó que yo era su hija.

Ana la abrazó y ella no le devolvió el empujón.

Pronto las niñas estaban jugando en la calle con los otros niños y comenzaron a ayudarla cuidando a Rodrigo y Marcelo.

– Ana, mira si trabajas más, los gastos han aumentado – refunfuñó Gilberto.

– Es cierto, han aumentado, pero a cambio tendremos el dinero que les enviabas y que ahora nos ayudará.

– Hum... – refunfuñó y se fue.

Ana estaba en la cocina haciendo dulces. Lívia ayudó a Vanessa a jugar con Rodrigo. Cuando se fue, la niña dijo:

– Papá casi no se detiene en casa.

– Escuché lo que dijiste – dijo Lívia –. Ana, papá no nos dio dinero, nunca lo hizo. Mamá a veces se lo pedía, pero él no se lo daba. Mi madre trabajaba como tú, cosía todo el tiempo.

Ana se enojó con Gilberto, pero no dijo nada y pensó:

– "Entonces no las ayudó, no le dio dinero a sus hijas, se lo gastó todo en el bar, eso es seguro."

Las chicas estaban hablando.

– No sé si me gusta papá – dijo Vanessa.

– Cállate, Vanessa – la regañó Lívia –. es mejor ser amable como nos aconseja doña Dalva, nuestra antigua vecina que era amiga de mamá. Cuando murió nuestra madre, doña Dalva nos dijo: "más te vale ir con tu padre y ser obediente para llevarte bien con tu madrastra. ¡No tienes otra opción! Si tu tía se queda contigo..."

Lívia dejó de enrollar el caramelo, permaneció en silencio, con la mirada distante.

– ¿No te gusta tu tía? – preguntó Ana.

A la hermana de papá no la conozco – respondió Lívia – solo a ella de lejos. A mamá no le gustaba. Tengo otros dos tíos que son muy pobres, creo que más que nosotros. Luego tengo una prima medio loca, tonta, no sé, que nos miraba a Vanessa y a mí de una manera que a mamá no le gustaba, tenía miedo que se nos acercara.

– "Realmente no tenían con quien quedarse – pensó Ana. – su tía, la hermana de Gilberto, es una prostituta, y por lo que él dice de ella, es una mala persona. La mujer inválida, son muy pobres para estar con ellos."

Ana empezó a prestar más atención, hablando con las chicas, tratando de cautivarlas a través de la amistad. Les contó cuentos, historias divertidas. Quería que les gustara allí, para sus hermanos, y no las dejaba trabajar. Cuando la ayudaron, fue porque quisieron.

No fue difícil: ellas, necesitadas, pronto la empezaron a querer y Ana empezó a quererlas mucho. Lívia fue a la escuela, era inteligente y aprendía rápido. Las dos hicieron muchas amistades, se volvieron felices. Hablaba mucho de su madre con Ana. Pensando que era bueno para las niñas, incluso las animó.

– Mamá – dijo Lívia – trabajó hasta altas horas de la noche. Cuando nos acostábamos ella estaba trabajando y cuando nos levantamos estaba cosiendo.

Pocas veces salía de casa, a veces iba a las casas de los clientes y me gustaba ir con ella.

– La extraño – decía Vanessa, comenzando a llorar.

Siempre que hablaban de su mamá se emocionaba y Ana las abrazaba.

Rodrigo y Marcelo llegaron a querer bien a sus hermanas y, si no fuera por Gilberto, serían una familia feliz.

– Mamá también llamó a Ana – dijo Lívia –. Su padre, mi abuelo, a quien ni siquiera conocí, la llamaba Anita.

- "Anita – pensó Ana –. Así me referiré a ella, la madre de estas hermosas niñas."

El día que las damas traerían la canasta del mes, Ana estuvo atenta; tan pronto como las vio, corrió a su antigua casa. Después de los saludos, explicó:

- Me mudé, vivimos justo allí. La esposa de mi esposo murió y las niñas, sus hijas, vinieron a vivir con nosotros.

- Bueno – dijo una señora –, ahora que él no tiene que darles su pensión alimenticia, tal vez no necesite nuestra ayuda.

- Es solo que nuestros gastos también han aumentado. La casa a la que nos mudamos es tan pobre como esta, solo tiene un dormitorio extra –dijo Ana con tristeza, temiendo que ya no la ayudaran.

Pero dejaron la canasta y decidieron si seguir ayudando o no.

En la noche, cuando llegó Gilberto, Ana estaba nerviosa y lo acusó:

- Tú, Gilberto, eres un miserable, siempre me decías que ayudabas a tus hijas, que les dabas dinero para mantenerlas, pero descubrí que nunca les diste nada. Debe haber gastado ese dinero en el bar, con tus amantes.

- ¡No hables así! ¿Qué piensas que es? Mentí ¡sí! ¿Cómo quieres que viva así miserablemente? ¡Si no fuera por mis amigos, el bar se moriría de aburrimiento! ¡Tú eres abusada! ¿Quién eres tú para hablarme en ese tono? ¡Eso es porque estuvieron un tiempo sin ser golpeada! ¡Toma!

Ana ahogó sus gemidos, no quería que los niños la escucharan, pero no pudo amortiguar el sonido de los golpes. Después de unos momentos, Gilberto decidió dejarla sola, se acomodó en la cama y se durmió. Ana no quería llorar por temor a despertar a los niños o a Gilberto, porque inevitablemente volvería a empezar con la agresión. Solo dejó que las lágrimas corrieran por su rostro.

Al otro día estaba toda dolorida, con muchos moretones y un gran moretón en la mejilla derecha. Vanessa, al verla, comentó inocentemente:

– Papá te golpeó, escuchamos. Teníamos miedo que nos pegara a nosotros también y nos callamos.

– Ana – dijo Lívia –, mi madre solía decir que mi padre también la golpeaba mucho. Una vez, cuando papá estaba en la casa, se quejó, se quejó mucho de ti, luego quiso agarrar a mamá, tuvimos que gritar y los vecinos lo echaron. Nos dijo: "Pobre de esta otra Ana, seguro que le pega como me pegaba a mí"

Ana no dijo nada con tristeza y comenzó a pensar en cómo salir de esa situación. No sabía cómo mantener a los niños, no tenía a dónde ir, sobre todo ahora, con dos niñas más. Sí, porque ella no dejaría a las niñas con él.

En la tarde, cuando Gilberto llegó a su casa, vio a Lívia con las bandejas, regresando del bar.

– He venido a cambiarme de ropa – dijo –, tengo que ir a una pequeña fiesta. Lívia, ¿por qué fuiste al bar?

– Me ofrecí a ir. Todos comentan cuando ven a Ana con heridas en la cara – respondió la chica con calma.

Gilberto miró a Ana, se sentó, se rascó la cabeza y luego dijo:

– ¡Ana, no quise lastimarte!

Ella se volvió hacia él y Gilberto le preguntó:

– Siéntate aquí un momento.

Iba a negarse, estaba preparando la cena, pero queriendo evitar confusiones, se sentó.

– Si.

– Ana, sé que eres honesta, trabajadora, tratas bien a las chicas. ¡No sé por qué lo hago contigo! ¡No lo mereces!

Ella se quedó en silencio. Él también se quedó en silencio un momento después dijo:

– Bueno, me voy a duchar e ir a esa fiesta. No te lo prometo, pero intentaré no pegarte más.

Se levantó y Ana volvió a preparar la cena. Fue la única vez que se dio cuenta que él podría arrepentirse de la agresión que había hecho. Menos mal que las amables mujeres entendieron y continuaron llevándole ayuda y ropa para todos.

Una tarde, mientras iba a comprar verduras, Ana se encontró con una tía y la vio bien.

– ¡A–N–A! ¿Cómo estás?

– ¿Estoy bien, y tú? – Ella respondió.

– Todo bien. Me alegra que estés bien y que no necesites a tu familia, porque ninguno de nosotros la ayudaría después de lo que hizo. Quedaste embarazada, te fuiste de casa para vivir con un bastardo, casi matas a tu padre por el dolor. No creo que volvieras a ser feliz y terminaras muriendo por ello. Tú..

– Hasta luego, tía. ¡Tengo que irme!

Se fue y no dejó hablar más a su tía.

– "¿No puedes tener compasión? No hice nada malo. En ese momento pensé que amaba a Gilberto, así como que él era lo mejor para mí. No puedo contar con nadie en mi familia, no lo harán. No me ayudan en nada, nunca."

Me fui a casa triste.

– Ana – dijo Vanessa una mañana – anoche soñé con mamá. Estaba hermosa, realmente hermosa, con un traje nuevo. Ella me besó y me abrazó fuerte. Le dije: "Mamá, ¡qué hermoso vestido! ¿Es nuevo?" Ella respondió: "Vanessa, no me importa la ropa, pero esta es una que compré para el trabajo." "¿Trabajas? – le pregunté –. ¿No estás descansando?" "No me siento cansado, estoy bien. Trabajar es una bendición." Entonces volví a preguntar: "¿Qué haces? ¿Coser?" Ella respondió: "No, hija, yo ayudo a los enfermos. Vine aquí para verte y decirte a ti y a Lívia que amen a Ana, ella es buena y no se olviden de orar como les enseñé." Me volvió a besar y desapareció, me desperté y sentí que el beso era real, sentí sus labios en mi rostro. Disfruté haber soñado y saber de ella.

Ana sonrió y pensó: "Pobre madre, aunque esté en el cielo, no debe tener paz, dejando a sus hijas con su padre, que sabe muy bien la peste que es, y con una madrastra que nunca conoció. Pero Anita, si puedes escucharme, ten la seguridad que siempre seré buena con ellas."

– Vanessa, creo que tu madre tiene razón, tenemos que rezar.

¿Qué tal si lo hacemos como en mi casa, cuando mamá estaba viva? Hicimos esto todos los días antes de acostarnos a dormir; rezamos los tres, al Padre Celestial, a Nuestra Señora y a nuestro Ángel de la Guarda.

– Empecemos hoy – dijo Ana –. Rezaremos todos los días antes de ir a dormir.

Y así procedieron a hacerlo.

Pasaron los meses, comenzó el año escolar y Vanessa también fue a la escuela. Y todos en el grupo escolar volvieron a pensar que ella era la madre de las niñas y nadie lo negó. Ana incluso sintió un poco de orgullo cuando escuchó:

– "¡Tienes hermosos hijos! ¡Dos niñas educadas y hermosas y dos niños maravillosos!"

Los problemas seguían siendo los mismos. Había poca comida, a veces no tenían leche ni fruta. Ana temía que los niños se enfermaran, pero crecieron y se pusieron cada vez más hermosos, eran inteligentes. Las niñas enseñaban muchas cosas a sus hermanos, hablaban correctamente y siempre estaban corrigiendo a Rodrigo y Marcelo, que aprendían rápido. Gilberto era, como siempre, agresivo, estúpido. Bien, pensó Ana. Que no atacaba a sus hijos, pero le temían, evitaban estar cerca de él. Fue un alivio cuando salió de la casa.

Para inquietud de Ana, notó que Gilberto miraba mucho a las niñas, especialmente a Lívia, que era mayor, con mirada codiciosa.

– "¡Dios mío! – pensó –. ¡Qué triste! Ojalá me equivoque. ¿Será capaz Gilberto de eso?"

Ella fue muy atenta y decidió no dejar a las niñas solas con él.

Un domingo por la tarde, llegó temprano a casa, charló con todos de buen humor, se volvió hacia Ana y le dijo:

– Ana, vine temprano para quedarme con los niños para que pudieras ir a misa.

– ¡Gracias, Gilberto, no quiero ir a misa, no tengo ropa y me da vergüenza ir mal vestida!

Así que ve a casa de Délia, ve a distraerte hablando con ella. Yo llevo a las chicas y tú a los chicos.

– No – respondió Ana con firmeza –. Ya hablé hoy con Délia y Antonia.

¡Que cosa! – Gritó emocionado –. ¡Si te quejas que no sales, cuando te ofrezco quedarme con los niños no aceptas! ¡Ve y ve! ¡Sal! Ve a cualquier parte y lleva a tus hijos. ¡Yo cuido a las chicas!

– Las niñas no necesitan cuidados – respondió ella. ¡No voy a salir! Sal, vuelve al bar que es mejor para todos.

– ¡No me hables así! ¡Te golpearé! – Gritó Gilberto amenazante.

Los niños se acurrucaron con miedo. Ana pensó:

– "Que me pegue, pero no lo dejo solo con las niñas."

– Papi – pidió Lívia – ¡Por favor, no le pegues a Ana! Ella no quiere irse. ¡Si ella se va, quiero ir!

– ¡Yo también! – suplicó Vanesa.

– ¡Qué familia tengo! ¡Qué horror! ¡No merezco esto! No sé por qué no los dejo ir a todos y listo! – Se fue y todos dieron un suspiro de alivio.

– "No puedo vivir así – pensó Ana – ¡así no es la vida! Pero, ¿qué puedo hacer? Tal vez estoy juzgando mal a Gilberto, pero he escuchado hechos de abuso entre padre e hijas y tengo miedo, para defender a las niñas, son inocentes y ya han sufrido mucho con la muerte de su madre!"

Cuando supo el otro día que Gilberto fue visto con otra persona, se sintió aliviada.

– "¡Nos dará más paz! – pensó –. Ojalá se olvide de sus hijas"

Lívia era más tranquila, siempre estaba soñando, deseando tener cosas.

– ¡Ay! – dijo –. ¡Si tuviera una bicicleta! Una muñeca grande. Me gustaría vivir en una casa con jardín, tener un perro.

Vanessa, en cambio, era pacífica, amable, siempre tratando de consolar, dar lo que tenía a su hermana y hermanos.

En Navidad las damas trajeron regalos. Vanessa consiguió una muñeca más grande que la de Lívia.

Lívia – dijo la niña –, me gusta más tu muñeca, ¿quieres cambiarla conmigo?

– ¡Quiero! – Respondió Lívia rápidamente, tomando su muñeca.

Ana los miraba, no había forma que a Vanessa le hubiera gustado más la muñeca de su hermana, la suya era más grande y más bonita. Vanessa quería que su hermana estuviera feliz con el regalo y ella estaba feliz con la felicidad de Lívia.

– "Vanessa es especial – pensó Ana – ¡muy especial!"

Gilberto empezó a quejarse demasiado, era por el trabajo, el jefe, y ella se inquietó cuando comentó:

– Ana, ¿qué tal si nos vamos a otra ciudad, a una – más grande?

No sé... – murmuró Ana.

Pero él ni siquiera prestó atención a lo que ella dijo y siguió hablando eufórico:

– ¡Me gustaría comprar un coche!

– ¿Coche? ¡Pero eso es sólo para los ricos! – exclamó Ana, asustada.

Y para los inteligentes, no lo olviden. Aprenderé a conducir uno. Conozco a un tipo que sabe, es chofer privado de un viejo rico. Este conocido mío tomará el auto escondido de su patrón y nos enseñará, a mi amigo y a mí, el domingo.

– ¿A escondidas? – Preguntó Ana.

– ¿Sí y qué? No hay mucho que hacer. Solo le pedí que me enseñara.

Ana trató de no darle importancia, era, sin duda, una broma más, un sueño suyo. Pero tenía miedo, si perdía su trabajo, si estaba sin trabajo y más tiempo en casa, la situación empeoraría mucho. Esperaba que estas locas ideas pasaran.

Las niñas se disponían a ir a la escuela cuando Ana escuchó a Lívia regañando a Vanessa. Se acercó lentamente y comenzó a escuchar.

– ¡Vanessa, ya te dije que no dijeras eso! Nadie cree que ves a mamá. Dicen que es tu imaginación. ¡Tú solo sueñas!

¡Pero la veo! – Exclamó la pequeña –. ¿Tú no crees en mí?

– ¡No creo que mientas! Pero no sé... Mamá está enterrada muerta. ¡No puedes verla!

– Puedo y la veo – gimió Vanessa.

– Vanessa – dijo Ana interrumpiendo su conversación – ¿ves a tu madre? Las dos se asustaron, Vanessa no respondió y Lívia la defendió:

– No te enojes con ella, Ana. Vanessa es pequeña y no sabe cosas...

– No me voy a enfadar, Lívia – respondió Ana –. No hay razón. Pero dime, Vanessa, ¿vas a ver a tu mami? ¿Qué te dice ella?

– Ella siempre habla de cómo nos ama. Que tenga cuidado con papá, que se quede a su lado y que ella cuide a Rodrigo y Marcelo.

– Me gusta Anita, tu madre – dijo Ana, abrazándolas a las dos –. Me gusta mucho. Creo que si los dos nos hubiéramos conocido, hubiéramos sido amigas. Yo creo en ti, Vanesa. Si tu madre tiene la oportunidad en el cielo de venir a verte, tratará de ayudarte. ¡Ella siempre ha sido una buena madre y debe seguir siéndolo!

– Me dijo que no está en el cielo – dijo Vanessa con confianza – pero que vive en un lugar hermoso y trabaja.

Ana recordó lo que le había dicho su padre en el hospital y sonrió.

– Bueno, lo que importa es que ella nos cuida. Ahora ve a la escuela o llegarás tarde. Los dos se escaparon y entonces Rodrigo llamó a su madre, todavía estaba acostado y le dijo:

– ¡Mamá, vi a esa Anita!

- ¿Qué Anita? – Ella preguntó.

- La madre de Lívia y Vanessa, la que vive en el cielo.

- ¿La viste? – preguntó Ana, asustada.

- Le hablé en un hermoso campo verde.

- ¡Vaya! – suspiró Ana, aliviada –. ¡Soñaste!

- Ella me dijo que nos cuidará a mí y a Marcelo y que es para que no tengamos miedo. Ella nos amará como tú amas a las niñas.

Rodrigo se distrajo y empezó a jugar. Ana se quedó pensativa.

"¡Qué gracioso! ¿Por qué Anita le dijo a Vanessa que cuidaría de Rodrigo y Marcelo y mi hijo soñaba con ella al respecto? ¿Anita realmente viene a ver a sus hijas? ¿O se imaginan todo esto? ¿Por qué Rodrigo soñaba con ella al respecto? ¿El mismo tema?"

Sin respuestas a sus preguntas, Ana se distraía con el trabajo, que era mucho. Recordó que las niñas habían estado con ellos durante un año y ocho meses. "Y las amo casi tanto como a Rodrigo y Marcelo – pensó –. ¡Es tan bueno expandir el amor!"

A veces alguna de ellas la llamaba madre, especialmente Vanessa, quien cuando escuchaba que los chicos la llamaban, también lo hacía. La primera vez que llamó así madre, se rieron.

¡Llamaste a mi mamá de mamá! – Dijo Rodrigo, riendo.

- No me importa – dijo Ana – si quieres llamarme madre, puedes hacerlo. Ambos saben, en el fondo de sus corazones, que soy una sustituta y que Anita siempre será su mamá.

- Si te convertiste en su madre, quiero que Anita también sea la mía.

¡Quiero dos madres, como ellas! – exclamó Rodrigo, divirtiéndose.

- ¡Yo también! – Dijo Marcelo. Se rieron de nuevo.

Ana pensó: "¡Un niño tiene cada uno! ¡Rodrigo quiere que Anita también sea su madre!" Se lo tomó a broma y se olvidó. Sin Gilberto en casa, sin él, sus vidas no estaban mal. Los cinco se querían bien, se reían por cualquier motivo y sus risas hacían reír a Ana. Ella los amaba.

4.– El Accidente

Gilberto llegó temprano, eran las siete y los niños estaban jugando en la calle.

– ¿Llegaste temprano, Gilberto? – preguntó Ana –. La cena no está lista. ¿Quieres que llame a los niños?

– Déjalos jugar, necesito hablar contigo, a solas. Ana siéntate aquí un rato y presta atención a lo que te voy a decir. Nos vamos esta mañana, nos mudamos a otra ciudad.

Ana, atónita, no pudo decir nada, abrió mucho los ojos y abrió la boca.

Gilberto guardó silencio por unos momentos y luego habló más despacio.

– Ana, presta atención, no es difícil de entender. Empezaré por el principio. Recibí una oferta de trabajo en un pueblo lejos de aquí. ¡Buena oferta! Ganaré mucho más y trabajaré menos. Cosa garantizada! Mi futuro jefe es un competidor de la fábrica donde trabajo, o mejor dicho, trabajé, porque me fui hace tres días. Y en ese período que no estaba haciendo nada, ordené todo. ¡Estoy genial! ¿No te dije que estaba aprendiendo a conducir? Bueno, aprendí. Con el dinero que recibí de mi ex-jefe y otro de allí, me compré un auto muy lindo. He decidido que nos vamos y mañana al amanecer nos vamos.

Pero así, ¿de repente? Tenemos unas horas, tengo mucho que hacer, yo... – murmuró Ana.

- ¡No tienes nada! ¡He hecho todo! Ana, no quiero que te quejes. ¡Obedece y listo! No puedo estar feliz y emocionado que te interpongas en el camino.

- Es que tengo miedo... - Dijo Ana, aprensiva.

- ¡Calma! Déjame contarte todo y verás que nos vamos a mejor, ¡a mejor! Renuncié a mi trabajo, obtuve lo que me correspondía y me hice el tonto. Con el dinero me compre un auto para pagar en dos cuotas, una cuota ya la pague, la otra el tipo nunca la va a ver. Además, ¿quién le dijo que me vendiera más de lo que vale? Lo acabo de comprar, pagaré el resto -. Gilberto se rio y siguió hablando con calma -. Y por eso y por algo más tengo que escabullirme.

- ¿Qué más? ¿Qué más hiciste, Gilberto? - Preguntó Ana, temerosa.

Gilberto, sin dejar de reír, respondió con cinismo:

- ¡Soy inteligente! ¡Es mucho! Hice trampa en el juego para vencer a un tonto rico que vive en un pequeño pueblo cercano, viene aquí los fines de semana a jugar. Como muchos se han enterado de mi engaño, se lo dirán y seguro que al tipo no le gustará. Le dije al personal del bar que les devolvería el dinero. Pero no lo haré, vámonos. Ana, lo hice a propósito, no pagué el alquiler de la casa, le debo tres meses, hablé con el dueño, arreglé con él para pagar todo pasado mañana, dije que iba a recibir algo de dinero y el dueño de este antro está esperando. También vendí todos nuestros muebles, si se les puede llamar muebles, y el tipo los recogerá mañana por la mañana. Ya tengo el dinero.

Gilberto, ¿cómo pudiste hacer esto? - Preguntó Ana, tratando de no llorar.

- Hice todo esto a escondidas de ti, porque las mujeres son muy habladoras y le ibas a decir a los vecinos y todo saldría mal. Estoy de buen humor, feliz y les advierto: ¡no me molesten y obedezcan! Actuemos con madurez, no pongamos esa cara de sorpresa, hagamos todo como los otros días. Después de acostar a los niños, ordenaremos. Después de la medianoche, todos aquí están dormidos, luego llevaré nuestra ropa al auto, luego despertaremos a los niños y nos iremos. Ah, Ana, qué bueno, vamos en carro. Sí, en el auto que compré. ¡Será un viaje fenomenal!

Paró de hablar. Gilberto estaba feliz, se reía, tomaba la mano de Ana.

Estaba nerviosa, luchando por comprender; se atrevió a preguntar

– ¿Dónde viviremos en esta ciudad? ¿Vamos solo con nuestra ropa?

– No te preocupes – respondió –. He pensado en todo. Allí nos quedaremos unos días en el cuartel de la fábrica, hasta encontrar una casa para vivir y comprar todo lo necesario. Tengo mi trabajo – dijo.

– ¿No es mejor hablar con el Sr. Matías? He estado haciendo dulces y bocadillos para él durante años.

– Ana, te preocupas mucho por los demás. Trabajaste para él, recibiste y no se deben nada el uno al otro. O... – se rio.

– ¿Qué fue Gilberto? ¿Qué hiciste? ¿Por qué estás riendo? – Ana quería saber.

– Pasé por el bar del Sr. Matías y le pedí un pago inicial. Me dio, no es mucho, ese avaro me adelantó unos pesos. Desearía poder estar lo suficientemente cerca para ver la cara de ese avaro cuando descubra que lo engañaste.

– ¡¿Yo?! – Exclamó Ana, asustada.

– ¿No eres tú la que trabaja para él? Lo recibí por adelantado, pero ya no harás los dulces y salados. Bueno, olvídalo; digamos, si te suena mejor, que fui yo quien lo engañó. Pero él pensará que fuiste tú.

- ¡Dios mío! - Dijo ella indignada.

- ¡Dios ayúdanos! Porque todo esto tiene un fin: mejorar nuestra vida.

¡Me lo merezco!

Las niñas están en la escuela, necesitan un traslado para seguir estudiando - dijo Ana.

- ¡Necesitaban! Así que esta tarde fui a la escuela y saqué todos los papeles necesarios. ¿Qué crees que no me importan mis hijos? He pensado en todo, lo resolví y funcionará, pero no te metas en el camino. Ahora haz la cena, dúchate, baña a los niños y no les digas nada.

- Quería despedirme de mis amigos... - Pidió ella.

- ¿Estás loca? Nada de eso. No saldrás de casa, yo me quedaré aquí observándote. ¿Quieres estropearlo todo?

- No está bien que huyamos... - Gilberto la miró serio y habló amenazadoramente:

- ¿Ah, sí? Si alguien se entera de mis planes, estamos perdidos. El señor Matías querrá el dinero que me adelantó el dueño del carro, el resto se lo debo. Y es más, le pedí prestado dinero a varios amigos y vecinos y nos van a querer matar si saben que nos vamos, que nos vamos corriendo.

- Huyendo... - tartamudeó Ana.

- O irse sin despedirse... Yo te ayudo, recoge la ropa, plánchala, arreglaremos todo.

Ana, atónita, comenzó a hacer lo que él le decía que hiciera. Tembló, trató de razonar, de coordinar sus ideas. Pensó angustiada: "Dios mío, ¿qué hago? ¿Escaparme? ¿Cómo pudo hacer todo esto Gilberto? ¿Qué pensarán Délia y Antonia, amigas desde hace tanto tiempo? ¿Qué pasa con el señor Matías? ¿Qué pasa con los vecinos a los que les pidió dinero prestado? "

Gilberto se acercó a ella, le levantó la cara con la mano obligándola a mirarlo y, como si intuyera sus pensamientos, dijo:

- Ana, he sido un mal marido, pero te prometo que voy a cambiar. Ganaré más y te cuidaré mejor. Allí no tendré mala compañía, porque son estos amigos míos los que me llevan por el camino equivocado. Y te prometo que no iré a ningún bar y seré un buen marido. Ya sabes Ana, por todos estamos casados. Tu nombre similar a la de la difunto ayudó. Mi futuro jefe cree que somos marido y mujer y que los cuatro son nuestros hijos. Así será. He cambiado, créeme, y para mejor. Podría ir solo y dejarte a ti y a los niños, pero no lo hice.

- ¿Tu jefe quería a alguien casado y con familia para este trabajo? – Ella preguntó.

¿Cómo sabe? - dijo Gilberto, sorprendido –. Eso está en el contrato, pero no es por eso que los estoy tomando. ¡Te amo! ¡Es verdad! Eres buena, trabajadora y no decepcionarías a mis hijos. Algún día estarán orgullosos de su padre. ¡Ana estoy muy feliz! Tú también deberías estarlo. ¿Alguna vez has pensado si te dejo, si me voy solo? ¿Qué harías con todas estas deudas? ¿Qué harías para ganarte la vida? Me echarían de esta casa y no tendría nada que llevarme, ya que vendí todo.

Ana sintió un fuerte dolor de cabeza, tomó una pastilla. Llamó a los niños a bañarse, sirvió la cena y los acostó. Y comenzó a empacar lentamente todo lo que se iban a llevar. Gilberto incluso la ayudó y siguió observándola, observándola todo el tiempo. Tenían poca ropa y todo donado por las damas. Al recordarlas, sintió que no podía despedirse, darles las gracias una vez más.

- ¡Listo! Eso es lo que vamos a llevar – dijo Gilberto –. En un rato llevaré estas dos bolsas al auto, está estacionado ahí en la avenida, no puedo traerlo aquí, todos escucharían el ruido. Volveré y llevaremos a los chicos, yo a Rodrigo y tú Marcelo, las chicas se irán solas. Nos detendremos antes de llegar a un pueblo y te compraré algo de ropa. Me avergonzaría si llegas vestido con esos harapos.

– ¿Ahí dónde Gilberto? – preguntó Ana –. Aun no me has dicho a dónde vamos.

– Ni lo voy a decir. Es lejos de aquí, llegaremos después de cuatro o cinco días de viaje. Nadie debe saberlo para que no vengan a por nosotros. Te gustará, es una ciudad muy bonita.

Ana no dijo nada más. Era pasada la medianoche cuando Gilberto abrió la puerta y, asegurándose que no había nadie en la calle, salió con las dos bolsas de ropa. A–N–A pensó en escribir una nota a sus amigos, pero se rindió. Délia y Antonia, conociéndola bien, lo entenderían, pero de todos modos estarían dolidas, con una nota o sin ella.

– "¡Dios mío! Estoy en connivencia con Gilberto. Pero, ¿qué puedo hacer? ¿Quién me ayudará después de todo lo que ha hecho?"

Tal vez si él lo hubiera dicho antes ella habría tenido más tiempo para pensar, para encontrar la manera de evitarlo, pero él lo arregló, planeó todo de una manera que a ella no le quedó de otra o, en ese momento, no pudo encontrar. otra forma de actuar, solo quedaba acompañarlo en esta aventura.

Gilberto volvió pronto y ordenó:

– ¡Despierta a las chicas!

Ana fue al dormitorio y las sacudió, llamándolas suavemente. Se despertaron asustadas.

– Lívia y Vanessa, tu padre decidió viajar y llevarnos con él. Vamos, levántense pronto. Les ayudo a cambiarse de ropa.

Se levantaron con sueño. Gilberto tomó a Rodrigo y ella a Marcelo y se fueron de la casa. Las lágrimas corrían por el rostro de Ana. Eran lágrimas de agonía, de incertidumbre, que sentía por haber dejado la casa, el barrio donde vivió durante años, donde dejó muchas amistades. Fue bastante triste tener que irse así, huyendo.

– ¡Caramba!

¡Que belleza!

Las chicas exclamaron cuando vieron el auto. Gilberto sonrió:

– ¡Es hermoso y es mío! Vamos chicas, acomódense para marcharnos pronto. ¡Cuanto más rápido, mejor!

– ¡No estoy entendiendo! ¿Por qué salimos así, de noche, y parece que nos estamos escondiendo? – Preguntó Lívia.

– No preguntes nada, niña entrometida. ¡Obedece y listo! – respondió el padre. Ana y Gilberto los acomodaron a los cuatro en el asiento trasero y él encendió el auto. Exclamó con alegría:

– ¡Aquí vamos con la ayuda de Dios!

– Es mejor rezar – recordó Vanessa–, pedirle a Dios que nos guíe –. Los tres rezaron, él guardó silencio.

Subieron cerca de una carretera, pero él maniobró el auto hacia atrás.

Pensé que íbamos por ese camino – dijo Ana.

– Eso es lo que quiero que pienses – respondió –. Me involucré con gente peligrosa, engañé al gran jefe. Si nos atrapan... Pero no te preocupes, los estoy engañando bien. Si alguien nos ha visto, dará información incorrecta.

Los chicos siguieron durmiendo y las chicas, a pesar de la novedad, terminaron por quedarse dormidas. Condujo un rato, se alejaron unos kilómetros de la ciudad.

– Detengámonos aquí hasta que amanezca. Voy a ver si puedo dormir. Intenta descansar tú también.

Gilberto se acomodó en el banco, cerró los ojos. Ana estaba tensa, trató de relajarse, no tenía sueño, comenzó a orar, se calmó un poco, permaneció despierta por mucho tiempo. La luz de la luna iluminaba la noche y pudo ver que estaban al costado del camino, debajo de un gran árbol. Se quedó dormida y se despertó cuando él la llamó.

– ¡Despierta! Ya está amaneciendo. ¡Mira qué hermoso! ¡Ha pasado mucho tiempo desde que vi el nacimiento del rey de las estrellas! ¡Despierta a los niños, este es un buen lugar para usar como baño. Incluso hay un arroyo cerca donde podemos lavarnos la cara.

Ella los despertó. La noticia fue una fiesta para ellos. Estaban todos hablando juntos, preguntaron encantados, nunca antes habían estado en un auto. Admiraron el auto, era negro, hermoso, parecía nuevo. El orgulloso padre explicó:

– ¡Y poderoso! ¡Está bien mantenido! Antes eran dos dueños. Ahora vamos a comer. Traje pan y fruta que compré ayer. Démonos prisa, no quiero retrasar el viaje, quiero alejarme rápidamente de esta ciudad.

Gilberto comenzó a cantar, los niños, felices, cantaron. Ana estaba atónita.

"Soy su compañero. Dios mío, ¿qué hago?"

– ¡Madre! – Llamó Vanesa. El padre intervino:

– Y eso, Vanessa, de ahora en adelante tú y Lívia solo deben llamar madre a Ana. En la otra ciudad, nadie necesita saber que tu madre era la otra. Y...

– No quiero olvidarme de mi madre – gimió Lívia.

– No la olvides – dijo Ana –. Anita siempre estará con nosotros en la memoria, en el corazón. Ella será su madre, la que vive en el cielo, y yo soy la que siempre estaré con ustedes.

– Bueno, si ese es el caso, bien – asintió Lívia.

- Genial - dijo el padre -. Seremos una familia feliz y perfecta. Ya verán muchachos, que buena vida tendremos.

El viaje estaba siendo agotador, solo se detenía para comer y cargar gasolina al vehículo que tenía muchas ganas de llegar cada vez más lejos. Solo por la noche se detenían. Fue un alivio cuando dijo:

- Aquí hay un buen lugar para detenerse. Tranquilicémonos y tratemos de descansar.

Mañana podremos parar más, comeremos en los bares de las ciudades donde paramos.

- No tenemos nada más para comer - dijo Ana.

- Quería darme una ducha - dijo Vanessa.

- No da, hija, tal vez mañana - respondió el padre.

Era alegre, paciente y cariñoso con todos. Se pusieron lo más cómodos posible en el auto y los niños pronto se durmieron.

- "Me alegro que haga calor y que el tiempo esté despejado" - pensó Ana.

Intentó dormir, estaba cansada, pero también asustada y preocupada. Atenta a todos los ruidos, tardó mucho en conciliar el sueño. Al día siguiente, tan pronto como amaneció, reanudaron su viaje. Pronto llegaron a un pequeño pueblo, se detuvieron en un bar, usaron el baño y comieron. Y así fue otro día. En la otra, luego, Gilberto habló con entusiasmo:

- Vamos a parar en esta ciudad más grande, buscar una tienda y comprar dos mudas de ropa para todos ustedes. No quiero llegar con la familia mal vestida. Los quiero hermosos! Se detuvieron en una tienda y compraron zapatos y ropa para todos, pero no se cambiaron. Cerca de llegar, buscarían un lugar para ducharse y cambiarse.

- Según mis cálculos aun queda mucho camino por recorrer
- dijo Gilberto.

- ¡Qué lejos está esta ciudad! ¡Estoy cansada! - murmuró
Lívia.

- ¡No reclames! Te lo estás pasando bien. Esta ciudad está
lejos, sí, pero es acogedora y nos gustará a todos. La carretera estaba
ahora más transitada y polvorienta. Estaban cansados, sucios, los
niños empezaron a pelear, a refunfuñar. En lo alto de una cadena
montañosa, el camino bordeaba la montaña.

- ¡Qué hermoso lugar! - exclamó Ana.

Un hombre les indicó que se detuvieran y les explicó:

- Señores, por favor, están arreglando la carretera, tendrán
que esperar para cruzar. Detente aquí, pronto formarás una fila y
tan pronto como te liberen pasarás.

Seré el primero - respondió Gilberto -. ¿Tomará tiempo?

Pienso unos cuarenta y cinco minutos. Ha caído una barrera
en la pista y la estamos arreglando. Saldrás primero que los del otro
lado, porque el camino es angosto y solo puede pasar un vehículo
a la vez.

Gilberto estacionó el auto en el lugar indicado por el
muchacho. Salieron del coche, miraron a su alrededor. Quedaron
encantados con el paisaje. Fue al lugar de la reparación y volvió
comentando:

- Hay muchos hombres trabajando, fue un gran derrumbe,
cayó mucha tierra en la pista

- Estamos cerca de un precipicio - comentó Ana -. Unos
cinco pasos atrás hay un enorme agujero con muchas rocas.

No dejes que los niños se acerquen - suplicó.

Los niños querían ir al baño y Gilberto los llevó cerca de unos árboles. Las chicas también querían ir, pero como había muchos hombres alrededor, les recomendó:

– Ana, ve para allá, hay un lugar donde venden manjares y ahí puedes usar el baño. Toma a las chicas.

Había unos siete vehículos esperando. Gilberto subió al auto con los niños y ella se dirigió con las niñas al lugar indicado. Una señora les contestó sonriendo y los llevó al baño. Después de agradecer se fueron, entonces escucharon ruidos y gritos, se asustaron. Ana sintió un temblor, un mal presentimiento, una aflicción, gritó, tomó las manos de las niñas y salió corriendo. Se detuvo cerca de los coches. Parecía asustada, temblorosa, el de ellos no estaba allí. La gente miró al precipicio. Las chicas estaban temblando. Ana se quedó quieta, sin atreverse a acercarse, no podía hablar. Un hombre, ayudado por otros, subió. Había bajado por las rocas para ver qué había pasado con las bajas. Suspiró, limpiándose las manos y dijo:

¡Qué desgracia! ¡Tres muertos!

Ana soltó las manos de las niñas y se acercó. El hombre la miró, compadecido. ¡Un accidente! El coche se cayó por el precipicio y...

Ana dio un grito ronco, sintió un dolor que pareció reventarla entera, todo pareció dar vueltas, se sostuvo, se desmayó.

Volvió en sí con la dama que había hablado antes, frotando líquido frío en su muñeca. Estaba acostada en una cama y las chicas a su lado la miraban asustadas, en silencio y angustiadas.

– ¿Qué sucedió? – Ella preguntó.

Nadie le respondió. Miró al hombre que había visto subir por el barranco.

– ¿Están muertos? ¿Los tres? Por favor... – rogó con voz debilitada, deseando que todo fuera una pesadilla.

- Sí, señora – contestó el hombre, serio y con mucha lástima.

- ¿Quieres verlos? Sacamos a los tres de ahí, están al costado del camino.

- Lo haré – respondió ella, levantándose –. Chicas, quédense aquí, volveré pronto.

Caminaba con dificultad. Fue con el hombre al lugar donde habían estado parados minutos antes. No había más coches. Vio los tres cuerpos cubiertos con sábanas. El hombre levantó una punta, vio el brazo de Rodrigo manchado de sangre.

¡Por favor! – Ella preguntó –. No quiero verlos, no puedo. ¿Estás seguro que están realmente muertos?

- Será mejor que no lo veas de todos modos. Fue un buen momento desmayado. El coche se rompió. Los tres murieron instantáneamente. ¡No sufrieron! Lo sacamos de abajo con todo lo que pudimos, las bolsas de ropa que llevaba a mi casa. Aquí, aquí está la billetera de su marido. Tendrás que decidir cómo los vamos a enterrar.

¡La policía! – alcanzó a tartamudear.

Aquí no hay comisaría, por lo que la policía tarda mucho en llegar. No podemos dejar los cuerpos ahí en el suelo. Si quieres, dame algo de dinero y los enterraré.

¿Cuánto crees que costará esto? – Preguntó aun confundida.

El hombre dijo la cantidad. Era todo el dinero que tenía en la cartera, era poco, pero lo único que le quedaba.

- ¡Tómalo! Por favor, hazme esta caridad, entiérralos por mí, no estoy en condiciones de resolver este asunto.

- Me encargo de todo por ti. Los enterraré juntos, ya que murieron juntos. Es mejor no verlos, están desfigurados.

- Vuelve a mi casa, quédate allí hasta que descubra qué hacer.

Ana volvió caminando lentamente, sus piernas se sentían pesadas, no podía pensar, luchaba por entender lo que estaba pasando. No lloró, pero sintió tal dolor que no era posible describirlo. Al llegar a su casa, la señora le ofreció una silla, se sentó en un rincón de la habitación, permaneció quieta, callada, ajena. Lívia y Vanessa estaban a su lado, asustadas y temerosas.

– Ven a cenar – dijo la señora de la casa –. Arreglé la habitación y puedes dormir aquí esta noche.

Ana se sentó a la mesa y tomó unas cucharadas de sopa con las niñas.

Llegó el señor, el dueño de la casa.

– Allí, señora, los enterré a los tres juntos en el cementerio del pueblo. El sacerdote los bendijo. Este camino está cobrando víctimas.

– ¡Gracias! ¡Dios te bendiga! – Tartamudeó Ana en voz baja.

– ¡Realmente murieron! – Exclamó Lívia.

– Sí, niña – respondió el hombre – tu padre y tus hermanos están muertos.

Lloraron, Ana las abrazó y las besó. Fueron al dormitorio, se acostaron juntas, las chicas pronto se durmieron. Ana tenía un sueño agitado, despertándose sobresaltada todo el tiempo. Fue al amanecer, cuando escuchó levantarse a los dueños de la casa, que parece haber salido del letargo y recordar todo.

– ¡Dios mío! – exclamó y lloró.

¡Qué dolor insoportable sentimos ante la separación causada por la muerte de los cuerpos físicos de las personas que amamos! Es muy profundo, quizás lo peor que hay. Lo sentía más por sus dos hijos, pensaba que si lloraba todas las lágrimas que tenía no mejoraría, por nada se sentiría consolada.

Las niñas se despertaron y lloraron junto con ella. La señora tocó la puerta del dormitorio y las llamó:

– Levántate, desayuna, dúchate. Puedes lavar tu ropa sucia. Te sentirás mejor haciendo algo.

– Gracias, señora – respondió Ana –. Estás siendo muy amable con nosotros. Dios te bendiga. ¿Como se llama?

– No necesitas agradecer. Mi nombre es Vincentina.

Se levantaron, bebieron el café ofrecido. Ana observó la casa: era pobre, tenía dos dormitorios, sala y cocina. La pareja tuvo cinco hijos, todos jóvenes. Luego fue a ordenar la ropa, la suya para lavar, la de Gilberto y los chicos, la dejó en una bolsa. Vicentina la estaba mirando, y entonces Ana le dijo:

– Si desea conservar estos, algunos son nuevos, ni siquiera usados.

– No me gusta la ropa de muerto – respondió la dueña de la casa –. Puedes dejarlo ahí, yo se lo daré a los pobres del pueblo.

Se ducharon, se sintieron mejor. Lavó la ropa, hizo lo que le dijo Vicentina, estaba apática y cansada. Pasó el día tranquilamente y por la noche volvieron a dormir en la misma habitación. Por la mañana las niñas fueron a jugar con los otros niños. El dueño de la casa se acercó a ella.

– Doña Ana, ¿qué piensa hacer? ¿Quiere notificar a alguien de la muerte de su esposo e hijos? ¿Continuarás el viaje?

– ¿Como murieron? – Preguntó ella con tristeza.

– Cuando se despejó el camino, su esposo era el primero en la fila, pero el tipo que organizaba el cruce dejó pasar a un señor rico. Su esposo se veía nervioso, maldijo y trató de evitar que se le adelantaran. Como los autos estaban cerca, dio marcha atrás para distanciarse y así tomar mayor velocidad y evitar que el otro pasara frente a él. No sé si no supo conducir bien o no calculó la distancia al hoyo, el caso es que no pudo parar en reversa y se cayeron.

Ella escuchó en silencio y pensó: "Fue la imprudencia de Gilberto, debió pensar que era una vergüenza que alguien hubiera pasado frente a él, murió por eso y mató a mis dos hijos."

Doña Ana – dijo Vicentina – no me malinterprete, pero tiene que decidir adónde va. No podemos hospedarlos por más tiempo. La casa es pequeña, el cuarto que ocupan es de mis hijos, somos pobres y...

Entiendo Vicentina, te agradezco sinceramente tu generosidad. Estoy confundida, fue todo inesperado, no sé qué haré.

No tengo dinero para volver y...

Estaba realmente confundido, no sabía a dónde iba. Estaban lejos de su antigua casa, pero ¿cómo iban a volver allí después de lo que había hecho Gilberto? Al verla indecisa, el dueño de la casa dijo:

– Si consiguieras un trabajo para mantenerte, podrías ahorrar dinero para volver a tu ciudad. Allí al otro lado de la montaña, al costado de la carretera, hay un restaurante que necesita empleados.

– ¿Conseguiré el trabajo? – Preguntó esperanzada.

– Si Dios quiere, lo logrará. Tienes que ir mañana – dijo.

–Pienso que es una buena idea. El señor Lauro, que vive justo ahí, irá mañana en calesa, los puede llevar a los tres. Hablaré con él. Mañana a primera hora se pueden ir – expresó Vicentina.

Ana los miró agradecida. Los entendía, ya habían hecho mucho para darles cobijo sin siquiera conocerlos. No podía quedarme más tiempo. Lloró, tenía miedo. Hasta a Gilberto lo extrañó.

– No llore, doña Ana – dijo Vicentina consolándola –. Sé que debe ser difícil, perdió a su esposo y sus dos hijos, pero las niñas se quedaron y realmente te necesitan.

Sí, es verdad, pensó Ana, las niñas la necesitaban y ella sólo tenía a Lívia y a Vanessa.

69

5.– El Restaurante de la Carretera

Ana arregló toda su ropa y luego de cenar se acostaron. Tardó mucho en conciliar el sueño, no dejaba de pensar en todo lo que le había pasado. Ni siquiera tenía dinero para café, solo tenía esa poca ropa que había en las bolsas. El auto se descompuso y ella dejó que su hombre hospitalario, si lograba vender alguna pieza, se quedara con el dinero. Sentía miedo, su futuro parecía una gran incógnita y le tenía mucho miedo a la incertidumbre. No había manera de hacer planes. Le rogó a Dios que pudiera conseguir un trabajo. Terminó durmiendo, se levantó temprano y se preparó para irse.

Tomaron café.

– Doña Ana, ya llegó el señor Lauro – advirtió Vicentina.

Se despidieron de la pareja, de los niños, agradeciéndoles sinceramente. Se instalaron en la calesa y el señor Lauro, un anciano, comenzó a hablar con las niñas.

– Menos mal que solo tenemos que bajar la montaña. Pobre caballo si tuvo que subirse – dijo Lívia.

– Está acostumbrado, lo trato bien, es mi compañero de viaje. El camino de vuelta, por la tarde, es cuesta arriba, pero caminamos despacio. Voy allí para conseguir bienes para la gente que vive en la cima de la montaña. ¡Es mi trabajo!

Ana habló poco, miró con tristeza el paisaje, recordó que lo había admirado apenas empezaron a subir la montaña, días antes. Recordó las caras de los chicos, sonriendo, sintió que se le encogía el corazón, pero trató de no llorar. Estaba preocupada, si no conseguía trabajo, ¿dónde dormirían y cómo se alimentarían? No quería rogar, esperaba no tener que hacerlo.

Faltaban unos minutos para las once cuando llegaron.

– ¡Es aquí! – Dijo el Sr. Lauro –. Te presentaré al dueño, pero primero hablaré con él. Si Dios quiere, conseguirá el trabajo.

Las tres vigilaron el lugar. Era un edificio nuevo y grande, una gasolinera para vehículos, un alojamiento que se dividía en varias estancias, un bar y un restaurante. Bajaron de la calesa, permanecieron muy juntas, en silencio con las dos bolsas de ropa a sus pies. Ana suspiró.

– "¡Dios mío! ¡Qué situación! ¡Padre ayúdanos!"

– Aun no se ha llenado la vacante, doña Ana – apareció hablando el señor Lauro –.

¡Venga!

Ella lo acompañó, entraron a una oficina al lado de la gasolinera y un hombre la miró de cerca.

– ¿Quieres el trabajo? – preguntó, pero no esperó respuesta y siguió hablando: – Aquí hay mucho trabajo y el empleado tiene que hacer bien el trabajo. ¿Estás lista?

– Sí, señor – respondió ella tímidamente.

– El señor Lauro me dijo que tiene dos hijas. Habrá comida para los tres y una habitación en la parte de atrás. ¿Quieres revisar la habitación antes de tomar el trabajo? – Preguntó, luego de informar cuál sería el salario de Ana.

– No señor, realmente necesito trabajar, ¡acepto!

– Bueno, entonces empieza ahora. Haré que un mesero te acompañe a tu habitación, te sirva el almuerzo y tú irás al restaurante de inmediato y te pondrás a trabajar. Te lo advierto, si no haces bien el trabajo, te despediré.

– Sí, señor – respondió ella.

Un hombre gruñón vino a llevarlos al dormitorio.

– Me llamo Cecílio, sígueme. Los cuartos de los sirvientes están en la parte de atrás.

Las tres lo siguieron, la parte de atrás dijo que era un galpón con varias puertas detrás del restaurante.

– ¡Es aquí!

Tomó una llave y se la dio a Ana, quien abrió la puerta. La habitación tenía un pequeño armario, una cama individual, una mesa pequeña y dos sillas.

El baño está ahí, hay dos para todos los empleados. Pero solo siete duermen aquí. Cámbiese de ropa, doña Ana, y vaya al restaurante – dijo Cecílio.

– Sí, gracias – Ana se lo agradeció. Entraron y cerraron la puerta.

– Bueno – dijo Ana – aquí es donde viviremos por un tiempo.

– ¡Y lástima, vamos a dormir las tres en la misma cama! – se lamentó Lívia.

– Es solo por un tiempo, Lívia – dijo Vanessa –. Encontraremos una manera.

– Voy a cambiarme de ropa e ir a trabajar. Ustedes dos permanezcan juntas. Limpien aquí y pongan la ropa en el armario.

– Deja a mamá en paz – dijo Vanessa –. Vi un tanque afuera, lavaremos la ropa y limpiaremos todo.

Llamaron a la puerta, Lívia abrió, era el señor Cecílio con una bandeja.

– Es el almuerzo de las dos, allí almorzará la señora.

– ¡Gracias, sí! – respondió Ana.

El almuerzo estaba en una bandeja con un plato que servía de tapa y dos cucharas. La comida era sencilla. Ana abrazó a las niñas y dijo:

– Divide, una usa el plato y el otro la fuente, luego lava todo y llévenlo al restaurante.

Se cambió de ropa, salió rápidamente y se fue a trabajar. Al llegar al restaurante, una mujer se le acercó.

– ¿Eres la nueva sirvienta? Afortunadamente, fue difícil sin un ayudante. Lava todos estos platos. Mi nombre es Ofelia, pregúntame si tienes alguna duda. ¿Ya almorzaste? ¡No! Sírvete allí y come antes de empezar a lavar los platos. Pero date prisa, necesito estos platos pronto.

Ana se dio cuenta que realmente había mucho servicio y trató de hacer todo rápido y bien. Eran casi las cinco cuando Ofelia le dijo:

– Me ha gustado tu forma de trabajar, espero que sigas haciéndolo así. Voy a hacer el plato de la cena de tus hijas, puedes llevarlo allí, pero regresa, cenarás allí y te quedarás hasta las ocho de la mañana de hoy. Su horario es desde las siete de la mañana hasta altas horas de la noche. Tendrás tiempo libre dos veces al mes. Tienes que compensarnos, tienes a las chicas que se quedarán contigo en la habitación y también les estamos dando de comer. Por la mañana pueden venir aquí a desayunar.

– Sí, señora – respondió Ana.

– ¡Dios mío, qué trabajo me dieron! ¡Pero no me puedo quejar!

Las niñas están conmigo, al menos tenemos algo para comer y un lugar para dormir – Ella tomó la cena.

– Mira mamá, limpiamos todo el cuarto, todo quedó limpio, lavamos la ropa, pero no tenemos forma de plancharla. Pero no importa, vamos a alisarlas con las manos – dijo Vanessa.

– Traje la cena, tengo que volver. Tú quédate aquí encerrada, no le abras la puerta a nadie, te llamo cuando vuelva y espero que sea pronto.

Ana volvió al trabajo. Eran las ocho cuando Ofelia la soltó. Había poca luz en los aposentos de los sirvientes. Ana los llamó. Lívia abrió la puerta y dijo:

– Mamá, el señor Cecílio vino aquí, tocó la puerta, le abrí un poco, no lo invité a pasar, quería saber si estábamos bien. Vanessa estaba asustada y yo también.

– Mejor ábrelo para mí. Responder a la llamada sin abrir la puerta.

– ¿Estás cansada? – Preguntó Lívia.

– Sí, estoy trabajando es mucho. Voy a tomar un baño.

Lívia y yo lo tomamos juntas – dijo Vanessa. Ana fue a ducharse y volvió pronto –. Me voy a la cama, estoy cansada – dijo –. La cama es pequeña, organicémonos. Vanessa y yo de este lado y Lívia del otro.

– Mamá, ¿realmente tenemos que quedarnos aquí? No me gusta este lugar. ¿Vanessa y yo vamos a estar solos en esta habitación? ¿Podremos estudiar? – Preguntó Lívia.

– Lívia y Vanessa, estoy tan confundida como ustedes. Salimos de la ciudad donde vivíamos, nos escapamos, recorrimos un largo camino y no tenemos cómo volver, porque no tenemos dinero. Ni cómo ir a esa ciudad que su padre no le dijo dónde estaba. Pero ¿por qué ir allí? El trabajo era para él. ¿Regresar? ¿Cómo nos recibirían después de lo que hizo Gilberto?

Aquí ganaré muy poco, pero estamos juntas, tenemos un lugar para vivir y comida.

Buscaré otro trabajo tan pronto como reciba mi primer cheque de pago.

- No quiero volver a la ciudad donde vivíamos - dijo Lívia -. Tienes razón, si papá se escapó, debe haber hecho más cosas que no nos contó. Entonces, si nuestra tía se entera que papá está muerto, nos alejará de ti y yo no quiero.

- ¡Yo tampoco, mamá! Quiero estar contigo - dijo Vanessa.

- Aquí nadie nos conoce y todos piensan que soy su madre. Hagamos un trato: no le digan la verdad a nadie.

- Tienes razón - dijo Lívia -. Ese será nuestro secreto. Juro que nunca hablaré.

- ¡También te juro que eres nuestra madre! - exclamó Vanesa.

- Una promesa es una promesa, que nunca se diga la verdad - dijo Ana.

Los días pasaban, siempre con mucho trabajo. Ana empezó a las siete de la mañana y no le dio tiempo a salir. Las chicas fueron juntas al baño, limpiaron la habitación, lavaron la ropa y la mayoría de veces se quedaron encerradas en la habitación. Tenían miedo, había mucha gente extraña allí y los propios empleados estaban mal vistos. Salieron de la residencia solo para desayunar, fueron con Ana al restaurante y se quedaron ahí un rato, paradas en la puerta, observando el movimiento.

Durmieron mal, apretados. Ana a veces incluso tenía dolores en el cuerpo, estaba tan cansada. Con tanto trabajo y problemas, el día transcurrió sin muchos recuerdos. Pero por la noche, el anhelo era más fuerte. Seguía recordando a los chicos, imaginándolos durmiendo a su lado, recordando cada detalle de sus hermosos y queridos rostros. A veces lloraba; otros, para no molestar más a las chicas, se esforzaba por no hacerlo. El dolor que sentía era insoportable. Lívia a veces se quejaba, pero Vanessa siempre animaba:

– Mamá, en invierno tendremos que comprar una cobija – dijo Lívia.

– Tenemos que comprar muchas cosas – respondió Ana.

– Ana preguntó a sus compañeros de trabajo qué tendría que hacer para que las niñas fueran a la escuela.

– Aquí – respondió Ofelia – no tienes ese lujo. nadie estudia. La escuela está en la ciudad, es muy lejos para caminar y no hay otra manera de ir.

Estaban temerosas. Ana trabajaba preocupada y las chicas solo salían de la habitación para acompañarla a desayunar, ir al baño y lavar la ropa. Las pobres, estaban encerradas en un pequeño espacio sin nada que hacer. Estaban tristes y sufriendo. Cuando Ana recibió su primer sueldo, tuvo que darle una parte al señor Cecílio, porque él se le acercó y le dijo:

– Doña Ana, aquí es peligroso para dos muchachas tan lindas. Ya sabes cómo los hombres los codician. Puedo mirarlos, ya que soy un guardia, pero necesito que me paguen para hacerlo. Ella entendió que el mayor peligro era él y le dio el dinero. Con el resto, compró lo que más necesitaban y aun así ahorró un poco.

Los días libres a los que Ana tenía derecho se estaban aplazando y trabajaba todos los días. Al tercer mes, después de recibirlo, advirtió a Ofelia:

– Tengo que irme mañana. Me voy a la ciudad con las chicas.

– Está bien – asintió Ofelia, hoscamente.

Temprano en la mañana, los tres fueron a la ciudad. De hecho, estaba muy lejos y tenían que caminar mucho. El municipio era pequeño. Iban a la escuela, había vacantes y las niñas podían matricularse. Se sentaron en una pequeña plaza para hablar.

Era fácil en la escuela, solo regístrate y ven, pero ¿cómo? ¡Estamos tan lejos! ¿No es peligroso para las dos caminar de allí hasta aquí? – Preguntó Lívia.

– No sé si podré caminar tanto – dijo Vanessa.

–¡Tengo una idea! – exclamó Ana –.Tal vez podamos vivir aquí. Buscaré trabajo en la ciudad.

Y lo hizo toda la mañana. Preguntó, fue a todos los lugares indicados. No logró nada.

Nadie tenía trabajo para una mujer con dos hijas.

– Mamá, estoy cansada y hambrienta. Nadie quiere darte un trabajo por nuestra culpa. Si hubieras ido sola, ya lo hubiera arreglado – dijo Vanessa.

– No digas eso, Vanessa, no estoy sola, te tengo a ti. Volvamos al restaurante, no me desanimaré. En mis otros días libres, insistiré en mirar.

Regresaron en silencio. Para ir a la ciudad, se pusieron sus mejores galas y se vistieron. Cuando llegaron, Ofelia le gritó a Ana:

– ¡Ven aquí rápido, tenemos un problema!

Les dio la llave a las chicas y fue al restaurante.

– Ana – dijo Ofelia –, José, el mesero, se cayó, lo tuvieron que llevar al médico. Ayúdame a servir mesas.

Ella se puso a trabajar.

– Ana – El señor Cecílio la llamó en voz baja a una esquina –. Tengo una propuesta para ti. ¿Ves a ese señor? ¿El de esa mesa en el centro? Y el señor Gustavo, un cliente adinerado que a veces se detiene aquí. Le gustas, quiere que vayas a su habitación en una cita.

– No lo haré... – Tartamudeó, y el señor Cecílio no la dejó terminar.

- Te ha ofrecido una buena cantidad de dinero para reunirte con él. No rechaces mujer, son varios meses de tu sueldo. Puedes comprar frazadas, cuadernos, algo para que las niñas se distraigan y no se van a enterar.

- ¿Le pagan por eso, señor Cecílio?

- Sí, tengo una propina y si la aceptas, te daré otra. Debes ir a esa reunión por mí también, después de todo, hay algunos hombres maliciosos, tú trabajas, se quedan solas, puede pasar que no las vea y entonces... Pero si aceptas, redoblaré mi vigilancia, nadie se meterá con tus hijas.

Sintió una tristeza que le dolía en el pecho. Repitió la cantidad ofrecida en voz baja. Fue tentador. Con ese dinero podría alquilar una habitación en la ciudad, llevar a las niñas a la escuela y conseguir otro trabajo allí.

- Está bien - murmuró.

- Genial - dijo el señor Cecílio, feliz. Le dijo algo a Ofelia y volvió a acercarse a Ana.

Muy bien, Ofelia la despidió. El señor Gustavo se quedará en la habitación tres, ya se va y usted debe ir poco después.

Ana fue al baño, se lavó la cara, que parecía estar en brasas, reteniendo las lágrimas para no llorar.

- "¿Qué hago, Dios mío?"

No quería pensar, respiró hondo y salió del restaurante hacia las habitaciones del frente, lo mejor que había. Caminó como si fuera a morir, llamó a la puerta y entró en la habitación.

- Pasa, Ana - dijo amablemente el señor Gustavo. Luego le dio el dinero.

Esto es lo que combiné. No estás acostumbrado, ¿verdad?

- No, señor - respondió ella -. No soy una mujer de citas, pero necesito...

– ¡Perdóname! – Pidió –. ¡Puedes irte!

Casi salió corriendo y se fue a su habitación. No les dijo nada a las chicas, se quedó con el dinero. Al otro día le dijo a Ofelia:

Voy a necesitar mi día libre, necesito ir a la ciudad.

– Ve el miércoles – respondió ella.

Le preguntó a sus colegas dónde podría alquilar una habitación o una pequeña casa en la ciudad.

– No es difícil – respondió uno de ellos – pero tendrás que comprar al menos lo esencial para poder moverte: estufa, sartenes, camas. Tendrás que hacer algunos programas más. Ella no respondió, entendió que su colega tenía razón, la habitación alquilada sola no lo solucionaría, tenía que tener al menos algunos muebles. Y estaba avergonzada, hasta se puso roja, todos sabían de su encuentro. Volvió al trabajo.

El miércoles fueron al pueblo. Vio una pequeña habitación de alquiler con baño, en la parte de atrás de una casa, en un buen lugar. Pero el dinero que tenía no alcanzaba para comprar los objetos que necesitaría para vivir en él. Compraron frazadas, porque estaba haciendo frío y pronto sería invierno, ropa de cama, baño, unos cuadernos, lápices, unos dulces para complacer a las niñas y algunos objetos más que necesitaban. Tomaron un refrigerio y regresaron felices al restaurante.

Unos días después, un sábado, Vanessa al despertar dijo:

– Mamá Ana, vio a mi madre, Anita. Me dijo que a ti te toca aceptar lo que te van a ofrecer y lo repitió dos veces.

– ¿Qué será mami? – preguntó Lívia –. ¿Qué tienes que aceptar? Bueno, podría ser un mejor trabajo.

– ¿Podremos mudarnos a la ciudad? – preguntó Vanesa.

– Haré cualquier cosa por esto. Todo...

Ana respondió y pensó: "¿Tendré que tener otras citas? Pero, ¿qué voy a hacer para tener dinero? ¿Cómo puedo mantener a las niñas encerradas en esta habitación por más tiempo?." Suspiró, los miró con cariño y dijo:

- Ha pasado un tiempo desde que Anita se te apareció. ¡Hemos pasado por tantas dificultades!

- Mamá, ¿recuerdas que Rodrigo dijo que mi mamá también iba a ser su mamá?

- Yo creo que así como tú nos cuidas, mamá también los cuida a ellos - dijo Lívia.

- Seguro que eso pasa - dijo Vanessa.

- ¡Extraño mucho a mis hijos! - gimió Ana -. ¡Qué nostalgia! Ahora entiendo muchas cosas que antes no entendía. Cuando los niños se enfermaron en el hospital, soñé con mi madre y me dijo que no los perdería esa vez. Rodrigo también soñó con Anita, quien le dijo que se iban a vivir con ella. Tal como te dijo tu madre, Vanessa, que ella cuidaría de ellos. Y sucedió, murieron y Anita debe estar cuidándolos con todo cariño.

- ¡Cómo nos cuidas! Trabajas duro, te preocupas por nosotros. Si estuvieras sola, sería mejor para ti - dijo Vanessa.

- Ya te pedí que no volvieras a hablar así. Eres todo lo que tengo, me entristece no poder darte nada mejor. Pero ten paciencia, lo haré. ¡Volverás a la escuela!

- Si Mamá Anita dijo que es para aceptar lo que se te ofrece, es porque algo bueno sucederá - dijo Lívia.

- Vamos al restaurante a desayunar, no quiero llegar tarde.

Justo después del almuerzo, el señor Cecílio se le acercó y le dijo:

El Sr. Gustavo te está esperando en la banca, debajo del gran árbol. Vamos, ¡pronto!

Ana estaba sucia, con ropa vieja, cabello desordenado. Pensó en arreglarse un poco, pero no lo hizo, se dirigió rápidamente al lugar indicado. El gran árbol estaba del lado derecho del poste y una banca de cemento lo rodeaba. Vio sentado al señor Gustavo. Se levantó cortésmente cuando ella llegó.

– ¡Buenas tardes, Ana! ¿Cómo está?

Se sentaron, ella se retorció el delantal, respondió tímidamente:

– ¿Bueno que hay, señor?

– No me llames señor, sino Gustavo. Ana, voy directo al grano. Tengo una finca no lejos de aquí, cerca del pueblo, y quiero invitarte a vivir allí.

Hizo una pausa, se miraron por un momento, continuó:

– Estoy casado, tengo tres hijos pequeños. Mi esposa y yo vivimos en la misma casa, pero hemos estado separados por mucho tiempo. No nos llevamos bien, siempre he tenido aventuras. Me gustaste, por eso te invito. Podemos intentar; si funciona, seremos felices. Disculpe, pero soy objetivo, no es mi intención ofenderte o engañarte.

– Tengo dos hijas – dijo en voz baja.

– Lo sé, lo siento de nuevo, pero te admiraba. Si aceptas, puede llevarse a sus hijas, no es mi intención separarlas. Creo que les gustará la finca, es grande, hermosa, la casa es espaciosa y sus hijas no necesitan estar encerradas, no hay peligro allí.

Entonces, ¿qué decides?

Ana bajó la cabeza y trató de coordinar sus pensamientos.

– "¡Acepta!"

Era un susurro, se sentía como si alguien le hubiera puesto una mano en el hombro y le hablara al oído. Se dio la vuelta, no vio nada. Miró a Gustavo, estaba tranquilo, también bajó la cabeza esperando una respuesta. Recordó lo que Vanessa le había dicho esa mañana. Anita le había pedido que aceptara. Suspiró y pensó:

– "¡Amante otra vez!"

Con su suspiro, Gustavo la miró y sonrió, ella lo analizó:

Cabello oscuro, pero ya canoso, sonrisa franca, dentadura perfecta y ojos marrones, ojos sinceros y amables. Si realmente podemos conocer a alguien mirándolo, Gustavo debe ser sincero, bueno y leal. No lo hizo esperar una respuesta. Sería difícil ir a un lugar peor que aquí, y si Anita pensara que debería aceptarlo, lo haría.

– Acepto, iré contigo, solo que... No quería que tuvieras una mala impresión de mí.

– Te entiendo – dijo – aceptaste porque no tenías otra alternativa mejor. Pero no te arrepentirás. Ve a tu habitación ahora, empaca todo lo que te pertenece, te estaré esperando aquí. Arreglaré tu renuncia con el propietario.

Se levantó y se dirigió al dormitorio. Todavía estaba indecisa, tenía miedo. Lívia abrió la puerta, sobresaltada.

– ¿Pasó algo, madre?

– Sí, Vanessa tenía razón cuando me dijo que recibiría una oferta y, como me recomendó, acepté: tomemos lo nuestro para dejarlo aquí.

– ¿Para dónde? – Quiso saber Lívia.

– Para una casa de campo. Hace unos días conocí a un señor, Gustavo, y hoy vino a invitarnos a vivir a su finca. Ayúdenme, cambiémonos de ropa, pongamos la sucia y la mojada en una bolsa y la limpia en la otra. Vámonos en cuanto nos esté esperando.

– Mamá, ¿le dijiste que en realidad no eres nuestra madre? – Preguntó Lívia.

- ¡Claro que no! ¡Nunca lo diremos, lo prometimos! Él sabe de ti, nunca iría a algún lugar donde no pudiera llevarlas.

- ¿Irás como sirvienta? - Preguntó Vanessa, quien hasta ese momento había estado observando en silencio.

Ana prefirió decir la verdad. Las chicas, aunque jóvenes, ya habían visto muchos acontecimientos allí, en aquellas habitaciones de al lado, que servían de punto de encuentro para muchas parejas. Tuvo que explicarles muchas cosas, sobre todo para defenderse.

- No, hija mía, no voy de sirvienta. Es un hombre casado, no le cae bien a su mujer, pero parece buena persona, me quiere como mujer y... Bueno, lo intentaré, no es peor que aquí. Si no funciona, lo arreglaremos más tarde. Pero estarán a salvo, siempre las defenderé.

- Estás haciendo esto por nosotros, ¿verdad? - preguntó Vanesa. Ana no contestó y empezó a recoger y separar lo que iban a llevarse. Pronto estuvieron listas y se dirigieron hacia el lugar acordado. Queriendo despedirse de sus compañeros, les pidió a las chicas que esperaran en la puerta y entró al restaurante. Escuchó a Ofelia decir a las otras dos sirvientas:

- Hoy en día es muy difícil encontrar a alguien que quiera trabajar, gente correcta.

Miren a Ana, se quedó poco tiempo y ya tiene un amante rico.

No sé qué vio ese hombre encantador en ella.

- ¡Ella es muy inteligente! - Comentó una chica.

¡Pobrecita! - Dijo otro colega -. ¡Dios la ayude! No tengo ninguna duda que si se quedara aquí más tiempo, se convertiría en una prostituta. Y quién iba a garantizar que las chicas pudieran quedarse encerradas en su habitación por más tiempo. Pronto estarían besándose con un joven y luego... Si no las violaran.

Vieron a Ana, que prefirió no haber escuchado los comentarios, solo sonrió y dijo:

– ¡Solo vine a despedirme! ¡Buena suerte para ustedes! – Se abrazaron.

– ¡Cuídate! – Dijo Ofelia.

Gustavo los esperaba debajo del árbol. Cuando se acercaron, abrió la puerta de su hermoso auto nuevo.

Chicas, siéntense ahí, denme esto, lo pondré aquí. Les daba vergüenza llevar su ropa en bolsas. Pero no pareció sorprenderse. Las chicas se sentaron en el asiento de atrás, ella en el de adelante.

– Aquí está tu dinero de los días que trabajaste. ¡Vamos! – exclamó Gustavo.

Tomó los billetes y se los guardó en el bolsillo, era más de lo que debería haber recibido. Ella lo miraba, parecía feliz, estaba segura que era dinero lo que le estaba dando. Echó un último vistazo a la estación, al restaurante, suspiró. No me llevaba ningún buen recuerdo de allí. Ella lo miró de nuevo, sintió que la esperanza crecía en su interior. Trató de relajarse. Y comenzó el viaje.

6.– La Granja.

Hicieron el viaje en silencio. Ana estaba aprensiva y las niñas, aunque disfrutaban, sintiéndose aliviadas de haber salido del cuartito, estaban temerosas, atentas, temerosas de hablar.

– ¡Es aquí! – Exclamó Gustavo –. ¡La granja!

Un señor llegó corriendo y abrió un enorme portón pintado de azul. El auto se detuvo frente a una casa grande, con una agradable terraza con mucho follaje y flores.

El caballero que abrió la puerta se paró junto al auto sonriendo y una mujer también vino a saludarlos. Gustavo los presentó.

– Esta es Ana, tu nueva jefa, y sus hijas, Lívia y Vanessa. Ana, este es Nicanor, que cuida la huerta y el jardín, es ayudante de obra en general. Esta es Ruth, la que cuida la casa, hace todas las labores de la casa.

La saludaron sonrientes. Gustavo continuó hablando:

– Pasa, ven a ver la casa – Estaban asombradas –. Tenemos tres habitaciones, las chicas pueden elegir la que quieran. Así que chicas, ¿cuál eligen? Tal vez este para ti, Vanessa, este para Lívia. ¿No? ¿Quieren estar juntas? Siéntanse a gusto.

Las dos solo movieron la cabeza, preferían dormir juntas. Y eligieron la más grande que daba al frente de la casa.

Ruth se encargará que sean acomodadas. Ven Ana, esta es nuestra habitación, una suite con baño. ¿Te gusta? ¡Excelente! Acomodaremos sus pertenencias.

Nuevamente se avergonzó de las bolsas, en minutos lo tenían todo. Lívia sonrió y comentó suavemente:

- Mira, mamá, cuántas mantas, ropa de cama nueva y fragante, toallas esponjosas. ¡Qué belleza de hogar!

Se ducharon, Gustavo los llamó para cenar. Se sentaron a la mesa, pero permanecieron inmóviles. El habló:

- Me gusta comer juntos, las comidas son más agradables con la familia junta. ¿Sin hambre? ¡Pueden ayudarse a sí mismas!

Miró a Ana, que trató de explicar:

- Gustavo, creo que no sabemos comer bien.

- Bueno, pueden aprender. Es así...

Explicó cómo se servía, cómo usar los cubiertos.

- Miren cómo hago e imítenme. No se avergüencen, nadie nace sabiendo, cuando se quiere se aprende.

Hablaron poco, Gustavo habló de la finca, comentó la comida, que estaba deliciosa, y terminaron comiendo mucho. Luego fueron a la sala de estar.

- Ana, aquí las niñas no tienen que estar encerradas, no hay peligro.

- ¿Puedo correr por el huerto? ¿Coger fruta? - Preguntó Lívia.

- Claro, Lívia - respondió Gustavo -, ahora vives aquí, podrás jugar con los niños del barrio, eres buena- gente. Les gustará aquí.

Ya me gusta - respondió Lívia.

Ana y Gustavo fueron a la galería, se sentaron en las cómodas sillas. Estaba avergonzada, no sabía qué hacer. Él la miró sonriendo:

– Ana, ponte cómoda. ¿No te gustó la casa?

– Me gustó mucho. El lugar es agradable, la casa es cómoda y hermosa.

Hablaron un poco y se fueron a dormir. El domingo fue tranquilo, dieron una vuelta por la finca y luego de almorzar Gustavo se fue, prometiendo regresar el jueves, y recomendó:

– Ana, aquí hay dinero en este cajón, si necesitas algo, pídele a Nicanor que vaya a comprarlo al pueblo.

Los tres, sin Gustavo en casa, exploraron el lugar.

– Me gustó mucho aquí, mamá, quedémonos, ¿verdad? – Preguntó Lívia.

– A mí también me gustó mamá, se siente como si estuviera soñando y tengo miedo de despertarme en esa vieja habitación – dijo Vanessa.

– Espero quedarme – respondió Ana –, haré todo lo posible para que eso suceda.

La casa tenía de todo, y en abundancia. Estuvieron tres días paseando por la finca, jugando con alegría. Llegaron a conocer mejor a los dos empleados que trabajaban en la finca. Nicanor vivía cerca, estaba casado, tenía hijos y nietos, era muy trabajador, le gustaban las plantas. Había una calesa que usaba para ir a la ciudad.

– El pueblo está cerca – explicó –, puedes caminar fácilmente, solo uso la calesa para ir de compras.

La finca estaba en un barrio residencial, por lo que había casas cerca. El camino era angosto, de tierra, pero lo llamaban calle.

Ruth también les gustaba. Se vestía bien, tenía ropa mucho mejor que la de Ana. Era soltera y vivía en la finca, en una casita al lado de la casa donde se hospedaban.

– Ruth, ¿no tienes familia? – Preguntó Lívia.

Lívia, hija mía, no debes ser indiscreta – la regañó Ana.

– Doña Ana, no regañe a la niña, no me importa hablar de eso. No tengo familia, soy huérfana, mi madre murió cuando yo era un bebé, no sé sobre mi padre, me crie en un orfanato. Cuando tenía dieciocho años, la dirección de la institución me consiguió un trabajo, así que vine a servir a doña Eugênia.

¿Y dónde está esa Eugênia? – Preguntó Vanesa.

– Murió. Cuando llegué aquí, ella era viuda, tenía dos hijos y cuando ella desencarnó, los niños vendieron la finca al señor Gustavo y yo me quedé aquí.

– Dijiste que ella desencarnó. ¿Qué es eso? – Preguntó Vanessa, curiosa. Ruth sonrió y explicó:

– Es lo mismo que morir, desencarnar es que el espíritu deja el cuerpo físico que murió y se va a vivir a otra parte.

– ¡Agradable! Me gusta desencarnar, lo prefiero a morir. La muerte da una sensación de final, y nada termina – dijo Vanessa.

– ¿Te gustó el orfanato? – Quiso saber Lívia.

– Sí, ahí estaba mi casa, solo me no gustaba que me sintiera sola, es triste estar sin familia.

– ¡Yo también soy huérfana! – Dijo Lívia. Ana y Vanessa la miraron y ella trató de notar:

– Soy huérfana de mi padre, y tengo miedo de perder a mi madre.

Vanessa se acercó a Ruth, la abrazó y la besó.

– Ruth, creo que podrías ser uno de nuestra familia, somos solo nosotras tres. Podría ser, déjame pensar... una tía. ¡Me gustas!

Ruth se emocionó, se secó una lágrima y sonrió. Ana supuso que debía tener su edad, treinta y tantos años. Era pequeña, rubia, de cabello castaño, casi rubio, pero de mirada triste. Comprendió que ella debía sentirse muy sola. Miró a las chicas con cariño, ella nunca se sentiría sola.

El jueves por la mañana temprano, Vanessa encontró un perrito flaco y muy sucio que parecía enfermo.

– Mamá, ¿puedo tenerlo?

– No sé Vanessa Creo que deberíamos preguntarle a Gustavo.

– Cuidémoslo – dijo Lívia –. Le daremos de comer y la limpiaremos, porque hace frío para bañarlo.

Justo después del almuerzo llegó Gustavo, saludó a todos con una sonrisa. Vanesa lo miró fijamente. Se dio cuenta, se pasó la mano por la barbilla y preguntó:

– ¿Qué fue Vanesa? – No hubo respuesta de ella –. Vamos, habla. ¿Qué quieres?

– Quedarme con el perro – dijo, reuniendo valor.

– ¿Quieres tener un perro? Claro que se puede, la finca es grande, buena para tener animales, y me gustan. Te conseguiré uno.

– Ya lo tengo – respondió ella –. Bueno, encontré uno perdido, pregunté por el barrio, no tiene dueño, nadie lo quiere, está solo y abandonado, pobrecito. Mamá dijo que podíamos quedárnoslo si nos dejabas.

– Ya lo hice – respondió y Vanessa sonrió feliz –. El perrito ya no está solo y abandonado, ahora tiene dueño, tú y Lívia. Pueden cuidar de la mascota. Tráelo aquí para que lo vea.

Corrieron y trajeron al animalito en sus brazos.

- Es feo - explicó Lívia - porque tenía hambre, pero lo cuidaremos y será hermoso.

- Ciertamente - dijo Gustavo - si lo cuidas con esmero será hermoso; todo lo que se trata con amor es hermoso.

Pero, ¿cómo se llama la mascota?

Zek - respondió Vanessa -. Es un nombre fuerte para un perro valiente.

Gustavo fue a trabajar, pero volvió a cenar. Ahora estaban más relajados. Después de la comida, salieron al porche a conversar.

- Ana, tengo una fábrica en la ciudad, una pequeña industria cercana a la grande que tengo, donde vive mi familia. No me gusta quedarme en hoteles y como tengo que venir mucho a esta ciudad, compré esta finca con la esperanza que mi familia viniera aquí, organicé todo para eso, pero nunca quisieron venir. A Lorena, mi mujer, no le gusta ni un pueblecito, mucho menos una casa de campo, y mis hijos nunca quisieron venir a verlo. Me quedé mucho aquí solo y cuando te conocí, comencé a soñar con tenerte aquí conmigo.

- Habla de ti, Gustavo - preguntó Ana.

- Me casé por amor, pero estábamos equivocados, así que solo nos tolerábamos. Tuvimos tres hijos, Paulo Sérgio, que lleva el nombre de sus abuelos, Áurea y Júnior, el menor. Paulo Sérgio está pensando en casarse pronto, trabaja conmigo en la otra fábrica, Áurea es una joven que solo piensa en divertirse. Junior es un buen tipo, nos llevamos muy bien. Desde que nació mi hijo menor, Lorena y yo estamos separados. Aunque vivimos en la misma casa, incluso evitamos hablarnos. No pensamos en separarnos, hay mucho dinero en juego. Ya éramos ricos, reunimos nuestras fortunas y ahora es difícil compartirlas. Lorena no sabe hacer nada, solo gastar, y no quiere separarse porque sabe que pronto perdería todo lo que era suyo. Yo tuve aventuras en esos años y ella también. ¿extraño? Lorena es discreta, pero tiene sus amantes, es fútil, siempre va demasiado arreglada. Y así criamos a nuestros hijos. Áurea se parece a su madre, Paulo Sérgio es indiferente y Junior...

Habló durante mucho tiempo. Ana escuchó atentamente y entendió que Gustavo era rico, pero tenía muchos problemas. Hablar le hizo bien, y concluyó:

– Ana, estoy disfrutando mucho tenerte aquí.

– Nosotros también lo estamos disfrutando, Gustavo – respondió ella sonriendo.

Al amanecer amanecieron con Lívia llamando y llorando. Ana se levantó angustiada, abrió la puerta, Lívia estaba apoyada en ella con sus manitas en la cara.

– ¿Qué fue hija?

– ¡Dolor de muelas!

– ¿Qué? – preguntó Gustavo, levantándose –. ¿Dolor de muelas? Déjame ver.

– ¡Vaya, qué gran cavidad! ¿No vas al dentista?

– Creo... Nunca fue – respondió Ana.

– Me ocuparé de eso mañana – dijo –. Prueba Ana, alivia su dolor.

Volvió a la cama y pensó: "¡Caramba, dolor de muelas! Nunca he ido al dentista. ¡Un niño que vive en la misma casa que yo, con dolor de muelas! Debería haberlo sabido, eran pobres, ni siquiera tienen ropa. Tengo que cuidar mejor de ellos"

Ana le limpió la muela y, cuando el dolor desapareció, regresó con cuidado a su habitación. Al otro día, Gustavo dijo:

– Ana, conozco a un buen dentista, hablaré con él. Quiero que les responda temprano. Las tres se encargarán de los dientes. Enviaré un chofer para que las recoja. Vuelvo para el almuerzo.

– ¿No es caro? ¿El dentista cobra mucho? – le preguntó.

- Ana, no quiero que te preocupes por eso. Yo cuidaré de ustedes, las tres. No es caro para mí –. Él sonrió.

Gustavo se fue a trabajar, ella despertó a las niñas. Yo les dijo:

- Vamos al dentista, Gustavo enviará a un empleado a recogernos. Pongámonos esta ropa.

- Cuáles son los mejores – dijo Lívia –. Solo tenemos dos mudas mejores, el resto es bastante malo. Mamá, le tengo miedo al dentista.

- ¡Lívia, qué bueno que te cuides los dientes! No tendrás más dolor. No tengas miedo, es un profesional y nos dejará a las tres con una dentadura sana. Gustavo pagará todo.

- Mamá, me gusta el señor Gustavo, me gusta mucho, es bueno – expresó Vanessa.

Poco después, un joven, empleado de la fábrica, subió al auto para recogerlos. Era la primera vez que iban a la ciudad. La encontraron sencilla, agradable, sus calles principales estaban empedradas. Miraban con asombro todo. El coche se detuvo y el chico dijo:

- Es aquí, doña Ana. Pase, el dentista la está esperando. Yo la espero aquí.

Un amable caballero los recibió sonriente.

- Ya me lo ha explicado el señor Gustavo, pase por favor. ¿Quién será la primera? – Ana fue a dar un buen ejemplo y acabar con el miedo de las niñas. tenía mucho qué hacer, los dientes estaban muy dañados y el dentista trató primero el diente doloroso de Lívia.

- Ya no dolerá. Y para terminar pronto, programemos muchas citas – Se fueron aliviados.

Ya no le tendré miedo al dentista – dijo Vanessa –. Es un buen caballero y tu muela, Lívia, ya no te dolerá.

Durante el almuerzo conversaron con Gustavo sobre la aventura que fue para ellos ir al dentista. Él sonrió y dijo:

– Ana, no iré a la fábrica hasta más tarde hoy. Una chica que vende ropa vendrá aquí pronto, le pedí que trajera algo para que te probaras. Ella es la esposa de un empleado mío, y su madre es costurera y te hará unos vestidos. Esta chica necesita vender...

No comentaron. Después de una pausa, continuó:

– Estamos de vacaciones escolares, el segundo semestre comenzará pronto, voy a inscribir a las niñas en un establecimiento educativo en la ciudad cerca de aquí. Nicanor lleva a sus nietos al colegio en calesa y las llevará a las dos también. Por lo que me dijiste Ana, este año fueron a clases unos días, pero la directiva aceptará todo, yo ayudo mucho al grupo escolar y ella estaba feliz de hacerme este favor, las niñas no se perderán el año. Pero para no tener demasiadas dificultades, contraté a un profesor particular que les enseñará esta última semana de vacaciones y seguirá después que empiecen las clases. Si realmente eres estudiosa, no te perderás las clases que te perdiste. Esta chica, la profesora particular, es doña Geni, que da clases en un colegio. Su madre está enferma y ella realmente necesita un sueldo extra. Chicas, les gustará, vendrá aquí más tarde y les dará una lista de los materiales que necesitarán comprar. El lunes, cuando vayas al dentista, mi empleado te lo comprará.

Los tres se quedaron en silencio y escucharon. Vanessa incluso abrió la boca, los ojos de Lívia se llenaron de lágrimas y Ana pensó:

– "Gustavo nos está ayudando de la misma manera que parece ayudar a los demás, creo que ayuda a todos. ¡Qué buen hombre!"

Miró, quería decir algo para expresar lo que sentía, pero solo pudo tartamudear:

– ¡Gustavo, gracias!

– Señor Gustavo – exclamó Lívia –, ¡muchas gracias! Muchas gracias por no tener más dolor de muelas. Soy estudiosa, me encanta aprender y estudiaré mucho.

Señor Gustavo – expresó tímidamente Vanessa – Dios lo proteja por lo que está haciendo por nosotros. ¡Me gustas, señor!

– Bueno, terminemos de almorzar – dijo Gustavo alegremente – y pronto llegará la chica de la ropa.

Y en efecto la niña llegó con bolsas grandes y comenzó a mostrar la ropa. Eran buenas, deben haber sido caros. Ana y las niñas estaban indecisas y Gustavo dijo:

– Separa todo lo que sirvió, se las quedarán todas.

– Gustavo – habló Ana en voz baja –, son muchos y caros, no necesitamos tantos.

Él sonrió y le habló al oído:

– Déjame comprarlos, la niña necesita vender.

Los ojos de las chicas brillaron de admiración, nunca imaginaron tener ropa tan hermosa. La niña, después de la venta, se fue contenta. Se pusieron ropa nueva para esperar a la profesora, que no tardó en llegar, y comenzó la clase. Doña Geni hizo una evaluación, hizo una cita para toda la semana en la tarde para enseñarles y dejó una lista de los materiales que necesitarían en la escuela. Cuando Gustavo llegó a cenar, las encontró felices, con ropa nueva, hablando y riendo.

– ¡Qué bueno verlas felices!

– ¿Contentas? – exclamó Ana –. Es poco, somos felices.

Ana, me voy mañana por la tarde, vuelvo el jueves o el viernes. Mi empleado las recogerá todas las mañanas para llevarlas al dentista y el lunes las llevará a dos tiendas, una de ropa, donde comprará ropa interior y lo que falte; otro es para zapatos, es de un amigo mío. Quiero que compres al menos tres zapatos para cada uno. Luego irán a la papelería a comprar todo lo que doña Geni ha escrito en la lista y más carpetas, loncheras y lo que quieran las niñas. También quiero que vayas a una peluquería, necesitas un buen corte de pelo. Le pediré a doña Geni que se los lleve.

Y así se hizo. Nunca tuvieron tanta ropa, abrigos, cuadernos y comenzó para ellos una nueva vida. Fueron al salón de belleza, las trataron bien. Ana hizo muchas cosas que suelen hacer las mujeres y el resultado fue muy bueno.

Pero no se adornó demasiado, recordó que Gustavo hablaba de su esposa con desaprobación, quería complacerlo y pensó que lo haría con su sencillez. Al verla, al regresar, comentó con aprobación:

– ¡Ana, estás muy hermosa!

Todo estaba muy tranquilo, en paz, y Ana tenía miedo que todo pasara rápido. Las niñas, felices, estudiaban y aprendían con facilidad, doña Geni dijo que no tendrían problemas para seguir el ritmo de sus compañeros. Sin embargo, Ana extrañaba a sus hijos, los extrañaba mucho y lloraba a escondidas, su ausencia le dolía demasiado.

Nicanor trajo a su esposa, dos hijos y nietos para que Ana y las niñas pudieran conocerse y presentarles a los niños del barrio, y pronto se hicieron amigos. Comenzaron las clases, tenían clases por la tarde. Nicanor los llevó en calesa y los recogió, les gustó la escuela. Como iban al dentista por la mañana, doña Geni llegaba por la noche, les ayudaba en sus quehaceres, enseñándoles lo que no sabían.

El tratamiento dental fue doloroso para Ana. Vanessa terminó primero, luego Lívia y finalmente ella. Aprendieron a cepillarse los dientes correctamente y Gustavo hizo arreglos para que fueran al consultorio dental cada vacaciones.

A Ana no le gustaba estar ociosa; ayudó a Ruth y los dos se hicieron amigas. Ruth le enseñó a bordar y pasó a hacer toallas muy hermosas. También fue a aprender a coser con una vecina. Quería aprovechar la oportunidad de aprender una profesión. Guardó la ropa vieja por un tiempo y luego le pidió a Ruth que la donara.

Cerca hay algunas casas donde vive gente muy pobre. Iré allí y tomaré esta ropa. Lívia felizmente comentó:

– Ni siquiera se siente como si hubiéramos estado aquí durante tres meses. Mamá, por favor, no me quiero ir, no me quiero ir de la finca.

– Debemos hacer todo lo posible para quedarnos – expresó Vanessa –. Siempre estaremos amables y agradecidos con el Sr. Gustavo.

Y se quedaba cada vez más en la granja, casi todos los fines de semana. Siempre hablaba de sus problemas con Ana, quien lo escuchaba atentamente, ofreciéndole sugerencias y animándolo. Pero poco dijo de sí misma, sólo dijo que con Gilberto no se llevaba bien, que la maltrataba.

Prefería hablar de su infancia, de sus padres. Ella le contó sobre la pelea con su familia. Dijo que Gilberto murió en un accidente, pero no dijo nada de sus hijos, era un tema muy doloroso que aun no recordaba sin llorar, y no quería quejarse con él, quien los ayudó. mucho. Luego, tontamente, tuvo miedo de decirle que las niñas eran hijastras y no hijas.

Un día vio unos libros en la cabecera de la cama.

¿Los estás leyendo? – Preguntó.

– Me gusta leer – respondió ella –. Encontré estos libros en un cajón.

- Les voy a traer unos libros que me gustan, se aprende mucho leyendo, es un hábito que debemos cultivar.

Trajo unas obras y Ana empezó a leer mucho. Tenían más temas de qué hablar y siempre era muy agradable estar juntos hablando, a veces en la sala, a veces en el porche. Y se recuperaba en la finca, allí todo era paz y tranquilidad.

En la mañana, un sábado, Ana estaba en la cocina ayudando a Ruth y Gustavo estaba en el porche. Las niñas jugaban a la pelota, felices. Observó durante algún tiempo, luego decidió acercarse a ellos:

- ¡Qué bola diferente! ¡Déjame ver! ¿Es tela?

- Así es – respondió Vanessa –. ¡Mamá la hizo!

Lo recogió y examinó la pelota, Ana la había hecho de papel y tela.

- ¿No tienes juguetes? – Preguntó –. ¿No quieres tenerlos?

Me gustaría tener una bicicleta y una muñeca grande. Una vez tuve una muñeca, pero se quedó en la otra casa cuando nos mudamos – expresó Lívia.

- Vamos a la ciudad, ustedes dos y yo. Te compraré unos juguetes – dijo Gustavo.

Lívia se acercó al coche rápidamente. Vanessa la tomó del brazo, lo miró y dijo:

- No hace falta señor Gustavo, ya nos ha dado todo lo que necesitamos, se lo agradecemos.

- Vanessa, quiero comprarte unos juguetes, vamos, la tienda sigue abierta. Nicanor avísale a doña Ana que salí con las niñas, pero que vuelvo pronto.

Cuando Nicanor advirtió a Ana, ella estaba indecisa, sin saber qué hacer. Temía, nunca había dejado a las niñas solas con nadie. Pero no tardaron en volver y ella se avergonzó de haber dudado de Gustavo. Estaban tan felices y gritaban emocionados:

– ¡Mami! ¡Madre! ¡Ven a ver lo que tenemos del Sr. Gustavo!

Lívia y Vanessa saltaron, sonrieron y hablaron al mismo tiempo. Salieron del auto con dos bicicletas, muñecas grandes, pelotas y algunos juguetes más. Ana los miró emocionada. Lívia logró hablar con más calma:

– Mamá, el señor Gustavo compró todo esto para mí y para Vanessa y dijo más: ¡nos va a dar una fiesta de cumpleaños! Cumpliré trece el mes que viene y vas a hacer una gran fiesta, y otra para el cumpleaños de Vanessa. ¡Lo feliz que estoy!

Ana luchaba por hablar, estaba emocionada:

– ¿Agradeciste?

– ¡Dije un millón de gracias! – exclamó Lívia.

– Y yo, dos millones", dijo Vanessa.

Ana se acercó a él, que los miraba feliz, y lo besó en la mejilla.

– ¡Gracias Gustavo! ¡Dios te bendiga!

– Ya pagaste con tu beso – respondió él, abrazándola. Fueron a almorzar y dejaron a las niñas jugando.

– Déjalas – dijo –, vendrán a comer cuando tengan hambre. ¡Están tan emocionadas con los juguetes!

Hicieron las fiestas, vinieron los compañeros del colegio, los niños del barrio. Y la finca ahora estaba siempre con los niños jugando, comiendo la fruta, riendo y gritando. Cuando llegaron allí, las niñas parecían más jóvenes, eran pequeñas, pero crecieron en esos meses, se veían diferentes, estaban sanas, rubicundas, más bonitas, eran felices.

Dos meses después, ya no necesitaban clases particulares y aprobaron con buenas notas. En las fiestas de fin de año, Gustavo las pasó con su familia. Los tres lo extrañaron, pero entendieron.

Las chicas se lo pasaron genial en las vacaciones, y empezaron las clases. Gustavo le daba dinero a Ana todos los meses, a pesar que mandaba a Nicanor a comprar todo lo que necesitaban en el pueblo y pagar después. No gastó nada y decidió quedárselo.

– Gustavo – dijo ella – me das dinero y no lo he gastado, me gustaría quedarme con él, pero con la inflación no vale la pena.

– Te abriré una cuenta bancaria.

Él trajo los papeles para que ella los firmara y todos los meses empezó a depositar lo que él le daba. Se sintió más tranquila; Si fuera necesario, podría mantener el ritmo por un tiempo. Ella comenzó a ir al salón de belleza con frecuencia, hizo todo lo posible para complacerlo y él se mantuvo amable y gentil.

Esa tarde hacía mucho calor. Ana estaba sola con Ruth, fue al jardín, se sentó en un banco de madera debajo de un árbol. Zek, el perro, que ahora estaba sano y muy guapo, la acompañó. Era un animal dócil, cariñoso al que le gustaba estar siempre con ella. Él se acostó a su lado. Ana dejó de bordar, se miró las manos; ya no había callos, estaban suaves, las uñas estaban pulidas y hermosas, pensó:

– "¡Todo está tan tranquilo! ¿Cómo sería nuestra vida si no hubiera ocurrido el accidente? ¿Habría cambiado Gilberto? ¡No, no lo creo! ¿Y si solo él hubiera muerto? ¡Qué lindo sería tener a mis dos niños aquí conmigo. A Rodrigo y a Marcelo les hubiera gustado mucho vivir en este lugar. Pero, ¿cómo sería en el restaurante en ese momento con dos más? No sería con cuatro. No habría conseguido el trabajo..."

De repente, sintió una extraña inquietud, se le puso la piel de gallina. Zek gritó y saltó a su regazo, escondiéndose temblando en su falda. Ana miró para un costado, donde estaba el perrito y ahí… vio a Gilberto con la misma mirada cínica y maliciosa. No lo vio claramente como se ve a una persona encarnada, pero ella lo escuchó como si las palabras resonaran en su interior:

¡Ana, sal de aquí!

7.– La Persecución de Gilberto

La imagen se había ido. Ana abrazó a Zek y corrió con él a casa. Entró a la habitación, todavía temblaba, recordó que había dejado su bordado en el jardín, tal vez en el piso, pero no tenía ganas de buscarlo.

– "Debo haberme quedado dormida y soñado, ¡eso solo puede ser!" – Pensó. De nuevo el escalofrío, la extraña sensación y esa voz que decía:

– ¡A–N–A! ¡Toma a las chicas y sal de aquí! ¡Abandona a Gustavo, te lo ordeno! ¡Y obedéceme pronto, sino ya lo sabes!

– ¡No, no quiero irme de aquí, no quiero! – Habló en voz alta, encontrando aun más extraño estar respondiendo a ese fenómeno.

– ¡Vete y vete porque quiero!

No escuchó como se escucha a la gente en el plano físico, sintió las palabras en su mente y estuvo segura que era Gilberto. Ella tartamudeó temblando:

– ¡Jesús mío, ayúdame! ¡Dios ten piedad de mí!

– ¡Me voy, pero volveré, y piensa en cómo salir de aquí con mis hijas!

La sensación desapareció. Ana se sentó un rato en el sofá de la sala, encogida y asustada, trató de razonar:

- "¿De verdad he visto a Gilberto? Si Vanessa ve y habla con su madre, Anita, eso es posible. Pero, ¿por qué quiere que nos vayamos? ¿Celos? No, no lo creo, es por despecho. No lo hace. Quiero vernos bien.. Voy a buscar mi bordado."

Regresó al jardín con miedo y Zek, a su lado, a su lado también tenía miedo. Tomó la toalla, se fue rápidamente a su casa y la guardó, ya no tenía ganas de bordar. Tampoco quería leer. Trató de parecer tranquila a las niñas cuando llegaban a casa de la escuela. Por la noche, tenía miedo de quedarse sola en su habitación; por primera vez casi les pidió a las chicas que se acostaran con ella.

- "Todo esto es una tontería – pensó, tratando de convencerse a sí misma. Debe haber sido el calor, tuve una visión, eso fue todo, no vi nada, no escuché nada." Durmió y soñó. Lo que realmente sucedió fue que Ana, al quedarse dormida, se desprendió de su cuerpo y en periespíritu se reunió con Gilberto, que la esperaba para hablar. Entró en su habitación y se quejó:

- Ana, no estoy bien, morir es muy malo, es raro. Me siento como si estuviera vivo, camino sin rumbo, tengo dolor, sufro. ¡Y todo esto es culpa de este Gustavo, asesino!

- ¡No hables así, Gilberto, no tienes derecho a entrar aquí ni a atormentarme! – Dijo con miedo.

- ¡Qué audaz eres! ¡Tienes que ponerte al día! Escucha aquí, querida, siempre te lo he ordenado y me seguirás obedeciendo, nada será diferente. Tienes que dejar al asesino, porque entonces sufrirá, el desgraciado te quiere de verdad. Te explicaré por qué tienes que dejarlo. Morí por culpa de un rico, un desgraciado que nos tiró por el precipicio, ¿y sabes quién es el asesino? ¡Gustavo! Sí, ese es él. ¿Ahora entiendes?

- ¡No creo! ¡Tú mientes! – Ella exclamó.

- ¡No miento! ¡Gustavo es el asesino de tus hijos! – dijo Gilberto, sonriendo con cinismo.

- ¿Dónde están Rodrigo y Marcelo? – Preguntó Ana.

- ¡No lo sé! Fue muy confuso, recuerdo poco de ese día, sufrí mucho. Cuando entendí que estaba embalado, que morí, estaba en un lugar extraño, entonces fui tras el asesino y cuál fue mi sorpresa: lo encontré aquí contigo, mi esposa y mis hijas.

- ¡Gilberto! - Oyeron y ambos miraron hacia donde venía esa dulce y fuerte voz, y vieron a Anita. Se acercó, se paró al lado de Ana y habló con calma pero con firmeza:

- ¡Fuera de aquí, Gilberto! No tienes derecho a cobrar nada. No te preocupes por nadie. No te importaban los chicos, ni Ana con nuestras hijas. En lugar de tratar de ayudar a los miembros de tu familia o incluso de querer saber cómo les iba, bien o mal, como siempre, egoísta, pensabas solo en ti. Culpas al otro por lo que hizo mal, pierde el tiempo en querer vengarse. ¿Se te ocurrió razonar dónde irá Ana con nuestras hijas? Si tienen donde vivir, qué comerán, si tendrán frío o...

- ¡Ocúpate de tus asuntos! ¡Fuera de aquí tú! ¡Nadie te llamó!

- ¡Tengo dos hijas aquí, las amo, me preocupo por ellas y no quiero que se vayan!

Gilberto gritó, Ana se asustó, corrió hacia el cuerpo y despertó temblando, toda sudoroso. Tenía miedo, encendió la luz y comenzó a orar. Recordaba el sueño en casi todos los detalles. Por lo general, cuando nos despertamos después de estos encuentros, es más fácil recordarlos. Gilberto salió de su habitación, fue al balcón y Anita lo siguió.

Habló burlonamente:

- Mi ex esposa más honorable, a quien todos aquí la llaman Anita, vete, no se trata de ti.

- Te equivocas, Gilberto, soy yo. Tengo permiso para protegerlos, y no dejaré que te vengues de un hombre noble y bueno y les hagas daño por tu insensatez.

- ¡Es un asesino! - Exclamó nervioso.

- ¡Tú sabes que no! Fue tu error y tú tienes la culpa de la desencarnación de Rodrigo y Marcelo.

- Hum... desencarnación, parece que has estado aprendiendo... Bueno, Anita, vete, es asunto mío y no me gusta la intrusión. De lo contrario... te voy a dar una paliza, te voy a dar una paliza tan fuerte que te arrepentirás de haber venido a entrometerte.

- Ya no puedes vencerme - dijo Anita con calma.

- ¿Ah no?

Él se rio entre dientes y fue a su lado con la muñeca apretada. Anita se volvió pasiva y oró por él. A medida que se acercaba, salió disparado, cayó y rodó.

- Todo es diferente, Gilberto - dijo con calma –. Ya no podrás tocarme. Fuiste repelido por la energía que me rodea, por la vibración que irradio. Y aquí estaré para proteger a mis hijas.

Gilberto se sintió humillado, se levantó murmurando y se fue.

- ¡Qué humillación! ¡Siempre les pegaba a esas dos! Y no contaba con la intromisión de Anita. ¡Voy a tener dificultades! Ernesto está en la casa del asesino y aquí está este otro. Tendré que usar más inteligencia."

Se fue a la otra ciudad, a la casa de Gustavo, donde vivía con su familia. No entró, se quedó en el jardín. Ernesto, en cuanto lo vio, se le acercó.

- ¡Mira aquí, sal! Ya te dije que no te quiero por aquí.

- ¡Solo vine a hablar! - respondió Gilberto –. Respóndeme que te hizo ese hombre para convertirte en un perro guardián?

- ¡Cuidado con la ofensa! No creo que se pueda comparar con un perro, ese animal es fiel y yo no. Pero exijo respeto al hablar del señor Gustavo.

- ¡Respeto! - se rio Gilberto -. Es un buen chico quien vive en esta mansión, lo tiene todo, está casado y tiene una amante.

- El señor Gustavo está separado de su esposa - defendió Ernesto.

Él tiene una habitación aquí solo para él, simplemente no se casa con la otra porque no puede.

Es muy trabajador, buen padre, buena persona y un gran jefe.

- Al parecer - dijo Gilberto -, ha hecho mucho por ella. Pareces un deudor. Se sentaron en la hierba del jardín. Ernesto dijo:

- Fui empleado del Sr. Gustavo por muchos años. Siempre fue amable y justo, me trató bien. Solo que fui un desagradecido, lo traicioné, fui un cretino y quiero que me perdone.

- Si el señor Gustavo es tan bueno como dices, ¿por qué no te perdona? - preguntó Gilberto.

- Porque no sabe lo que hice - respondió Ernesto.

- No entiendo...

Te lo explico: le robé una buena cantidad de dinero, les dije a todos que gané en las carreras de caballos, todos se lo creyeron, pero disfruté del dinero solo quince días, tuve un derrame cerebral y "noqueé." mi cuerpo murió y yo quedé vivo y arrepentido.

- La familia rica... - se burló Gilberto.

- Sí, el dinero se quedó con ellos, pero eso no me importa. Tengo una familia honesta, una esposa recta, que lloró mi muerte - dijo Ernesto con tristeza.

- Pero, ¿cómo robaste al tipo y él no se dio cuenta? ¡Qué raro! ¿Es un idiota? - Preguntó Gilberto con curiosidad.

- Te lo contaré todo y luego lo entenderás. Viajaba con el Sr. Gustavo. Íbamos a la otra fábrica, cuando recibió una llamada de su esposa, Lorena, quien, para hacerlo enojar, exageró el estado de salud de su hijo, el menor, Júnior. El niño tenía una crisis de apendicitis y estaba siendo operado. Por lo que dijo, Junior se estaba muriendo. Don Gustavo desesperado, ama a sus hijos. Salimos apurados, en el camino hubo un accidente y mi ex jefe tenía una gran cantidad de dinero. Me pidió que me quedara en el lugar, me dio este dinero para que pudiera pagar todos los gastos del funeral y mantener a la viuda.

– ¡Y lo robaste! ¡Bribón! – Gritó Gilberto –. ¿Dónde fue ese accidente?

– En la colina...

Gilberto golpeó a Ernesto.

– ¡Miserable ladrón! ¡Me enterraron como un pobre, porque Ana no tenía dinero, y fuiste tú quien se lo quitó! Yo soy el que murió en ese accidente, y aquí estoy para vengarme del asesino.

Los dos pelearon y se golpearon durante minutos. Heridos, se detuvieron cansados y se tumbaron en la hierba. Desencarnados como Ernesto y Gilberto, sin comprensión de la vida espiritual, que deambulan sin guía, están muy materializados, sienten los reflejos y necesidades como si estuvieran en el cuerpo físico. Vemos a muchos actuar como si todavía estuvieran encarnados. Las disputas y peleas son comunes en las regiones de Umbral o cuando deambulan. Sienten dolor en las heridas. Conmocionados, vemos a muchos vengadores torturar, castigar a sus enemigos, que sufren mucho.

Ernesto habló después de una pausa:

– Gilberto, soy un miserable ladrón, pero me he arrepentido y voy a proteger al señor Gustavo. Lo tendré como un perro guardián, porque ahora quiero serle fiel, me quedaré con él hasta que me perdone. Soy más fuerte que tú, ya no te golpeé más porque no quería, solo me defendí para ver si se te pasaba el enfado. ¡Y el señor Gustavo no es un asesino! Yo estaba allí y lo vi todo. Tú fuiste el culpable. Cuando llegamos a la montaña vimos que la cola iba a ser larga y no queríamos perder el tiempo. Mi ex–jefe le dio una propina al empleado para que nos dejara seguir adelante. Tú que nos viniste encima, chocaste con nuestro auto, volviste a dar marcha atrás y, como eras un mal conductor, te caíste al precipicio.

– Y defiendes al jefe, eres un empleadito hasta hoy – bromeó Gilberto.

– Siempre me gustó trabajar, le daba gracias a Dios por tener un trabajo y vivir dignamente con el salario que recibía, y el señor Gustavo siempre fue un buen jefe.

– Está bien, según tengo entendido – dijo Gilberto –. Te odio por quedarte con el dinero de Ana, pero admiro tu astucia, yo haría lo mismo en tu lugar. ¿No me dejas acercarme a él?

– ¡No!

Ernesto lo miró y lo amenazó con la mano cerrada. Gilberto se levantó y se fue.

– "Bueno – pensó – si no puedo acercarme a este asesino, el camino es hacer que Ana se vengue de mí."

Y se quedó en la finca y empezó a atormentar a Ana. Anita, al ver lo que pasaba, porque estaba allí siempre que podía, visitándolos a los tres, pidió permiso y se le permitió venir a ayudarlos, pero con la condición que también ayudara a su ex marido.

Ana estaba inquieta, nerviosa, con miedo a dormir y soñando con Gilberto parecía verlo por la casa, sentía su presencia y siempre escuchaba: "¡Ana, sal de esta casa!"

Cuando llegó Gustavo, se esforzó por parecer normal. Su presencia le dio más seguridad, pero cuando él se fue, volvió a sentirse inquieta. Y así fue durante dos meses; no sabía qué hacer, temía que cuando se lo contara a Gustavo la creyera loca, desequilibrada. No podía descansar, ya no podía leer ni bordar. Quería la protección de Gustavo. Ernesto, al quedarse con Gustavo, no dejaba que Gilberto se acercara y él, a regañadientes, no podía influir en ellos. Por eso Ana se sentía mejor con Gustavo. Ese espíritu, Ernesto, usó la fuerza para alejar a Gilberto. Anita, en cambio, ayudó a Ana, pero quería que ella buscara comprensión, una forma justa, caritativa, de alejar a Gilberto, en la que su amiga aprendiera y encontrara una religión, la entendiera y la siguiera, además de guiar a sus hijas. Y debido a los hechos, tenía la esperanza que Ana se encontraría en el Espiritismo. Siguió todo de cerca, solo interferiría si Gilberto se pasaba de la raya, porque también planeaba ayudarlo. Aunque ella siempre estuvo ahí, Gilberto no la vio, ya que su patrón vibratorio era más bajo que el de su ex esposa. Pero si Anita quisiera ser vista por él, bastaría con bajar su vibración para que él pudiera verla.

El domingo por la tarde Gustavo se iba y esta vez se iba a quedar quince días, de viaje de negocios. Él la abrazó para despedirse.

– Ana, te siento triste.

– Es solo que te tomarás este tiempo...

– Pero volveré querida.

Ana sufría y, peor aun, no sabía qué hacer para acabar con ese tormento. Caminó nerviosamente por la casa, tratando de aparentar calma ante las chicas. Estaba en la habitación cuando volvió a sentir a su excompañero a su lado. Ella habló desesperadamente:

– ¡Gilberto, por Dios, déjame en paz!

– ¡No quiero hacerte daño, quiero que me obedezcas! ¡Pero si insistes en no responderme, te volveré loca!

– ¿Cómo te atreves a hacer eso? ¿No es suficiente lo que me hiciste cuando vivía? – Preguntó Ana.

– Querida Ana, ¡sigo vivo, aunque la muerte ha destruido mi hermoso cuerpo carnal! ¡Y fue este asesino quien acabó con la vida placentera que tenía, así que tengo que acabar con él! Se me ocurre una idea brillante: si él nos mató a mí ya tus dos hijos, ¡tú debes matarlo! ¡Eso, mátalo! ¡Eso es!

– ¡Nunca! ¡No soy una asesina! – Habló emocionada.

– ¡Pero él lo es! ¡Me mató! ¡Y debes vengarme! ¡Lo odio! – Exclamó Gilberto enojado.

– Si lo mato, iré a la cárcel, y las niñas, ¿no piensas en ellas? ¿Qué pasará con tus hijas?

– Van a ir a un orfanato, no sé, eso lo arreglo luego. Hay mucha gente buena a la que le gusta ayudar a los huérfanos... – Se rio con cinismo.

– Gilberto, qué imprudente eres... Volvieron a escuchar la voz dulce y firme.

– ¿Anita? ¿Tú de nuevo? ¡Ocúpate de tus asuntos! – Gritó Gilberto. Ana se arrodilló y suplicó:

– Anita, por favor, por tus hijas, deshazte de Gilberto... Ave María... Las oraciones siempre tienen respuesta. Ruth entró al cuarto para limpiarlo, vio a su ama arrodillada, se acercó y le habló tímidamente.

– Doña Ana, ¿pasa algo? ¿Está enferma? Perdió peso, casi no come, está nerviosa, deprimida. Si puedo ayudar...

Iba a decir que no, que todo estaba bien, pero sintió a Anita a su lado, lo que la motivó, y dijo:

– Ruth, el padre de las niñas, mi exmarido, el que murió... Es que lo he visto, lo he oído, no lo puedo explicar. Esto me está enfermando, tengo miedo, él quiere que me vaya.

– Doña Ana, yo soy espírita, frecuento un pequeño y humilde Centro Espírita, ahí mismo, cerca de la curva que lleva a la ciudad. Te entiendo perfectamente, sé que esto es posible. También he estado sintiendo algo raro, he visto dos figuras, una oscura, con malos fluidos, y otra iluminada. Por eso te creo, porque este hecho tiene una explicación en la Doctrina Espírita. Cuando el cuerpo muere, somos llevados a vivir con un cuerpo espiritual, el periespíritu, y podemos ir a muchos lugares. Los buenos que tienen méritos, a lugares hermosos y apacibles; los imprudentes pueden ir al Umbral, lugar que los cobija temporalmente, o pueden deambular en los lugares donde vivieron encarnados o cerca de sus familiares. Por lo que dices, Gilberto fue un temerario, creo que es vago y te quiere atormentar, tal vez por celos no la quiere cerca del señor Gustavo.

– Creo lo que dices, Ruth –. Expresó Ana –. Pero, ¿quién puede ayudarme? Gustavo regresará en tres días y estoy confundido, no sé qué hacer.

– ¿No quieres ir a la casa del señor Juan? Es un señor espírita que trabaja en el Centro Espírita al que asisto, vive al lado del Centro. Le pediré que te dé un pase, que te fortalecerá. Le pediremos ayuda a él y a los buenos espíritus, que nos ayudarán guiándonos.

– ¡Quiero ir, sí! – Respondió Ana, esperanzada.

Y se fueron. El señor Juan les respondió amablemente, le dio un pase, colocó sus manos sobre su cabeza y rezó en silencio.

Ana se sintió en paz, más tranquila. Él dijo:

– Doña Ana, hay una señora con nosotros, un espíritu, una mujer desencarnada que me dice que la quiere mucho, le está pidiendo que vuelva aquí más seguido y que en lo posible estará ayudando y que sea para que compartas los problemas con las chicas.

Las lágrimas brotaron de los ojos de Ana, quien habló con emoción

– Por favor, señor Juan, pregúntele por los chicos.

El señor espírita se calmó un momento y respondió:

– Me está diciendo que los chicos, sus hijos, están muy bien, que es una madre entregada. Ellos son muy felices.

Ana entendió. Anita dijo que ella era su madre, como lo era de las niñas. Sintió nostalgia, quiso abrazar a sus hijos, miró a ese caballero de mirada apacible, confió en él y le dijo con calma:

– Para la madre, para la que ama, lo importante es saber que el ser amado está bien.

Entendió el mensaje, dio gracias a Dios mentalmente y verbalmente, y se fueron. Se sentía bien, como hacía mucho tiempo que no se sentía, desde que Gilberto empezó a perseguirla.

– Ruth, gracias por traerme aquí. Sentí mucha paz y quiero volver.

– Doña Ana, el lunes por la noche tenemos trabajo de pases y lectura del Evangelio. Si quieres, ven conmigo.

– ¡Sí, vendré!

Las niñas estaban haciendo la tarea en la sala de estar cuando llegó. Ruth fue a la cocina y Ana decidió hablar con ellas por la noche después de la cena.

Gilberto no las acompañó al Centro, todavía estaba enojado. Ernesto estaba atento, venía a menudo a la finca a observar lo que hacía Gilberto. Allí fue cuando llegaron Ana y Ruth y las dos vieron que Anita las acompañaba. La expareja de Ana habló emocionada:

– ¡Bandida! Tú, Anita, jugaste bajo, tanto que llevaste a la idiota de Ana en ese lugar. Y ahora no puedo acercarme a ella con esta energía que ese caballero puso a su alrededor. Pero no hay mal que por bien no venga, ella hablará con las niñas y mis hijas querrán irse cuando se enteren que Gustavo nos asesinó a mí y a los niños!

Gilberto se volvió hacia Ernesto y habló con seguridad:

– Ernesto, quédate a escuchar la conversación que tendrá Ana con mis hijas y verás su derrota. Tu querido amo se quedará sin la mujer que ama. Para gustar a Ana, ¡qué mal gusto!

– Está bien, si te quedas, yo también puedo, porque no quiero perderte de vista – respondió Ernesto.

– ¿Y te quedarás, Anita? – Preguntó Gilberto, riendo.

– Lo haré y te avisaré, no interferiremos, solo escucharemos. No dejaré que les hagas nada a las chicas.

– No he hecho nada con ellas. Estoy seguro que se irán. No es la venganza con la que soñé, tenía muchas ganas que Ana lo matara, pero sé que no podré hacer que esta "mosca muerta" mate al tipo. Lo sé, Anita, no tienes que repetirlo. Es difícil, casi imposible, obligar a alguien que no tiene mal genio a hacer algo que no quiere hacer. Esta pequeña tonta no tiene instinto asesino, ni siquiera mata un ratón. He renunciado a eso, pero no a hacerla desaparecer.

Gilberto concluyó correctamente. Es muy difícil obligar a una persona encarnada a hacer algo que rechaza y que le es completamente contrario. Todos podemos escuchar sugerencias, pero hacer o no lo que se sugiere depende de cada uno. Gilberto se rindió sin pretender convertir en criminal a su ex compañera. Muchos lo intentan durante años; si tienen éxito o no dependerá de quién gane. Los encarnados lo tienen todo para vencer, basta ser perseverantes, mejorar y buscar ayuda que siempre encuentran. Esta actitud ayuda mucho. No es fácil, pero si muchos pueden hacerlo, todos pueden. Y mucho más fácil el desencarnado molesta, apuntando a las debilidades de aquellos que quieren dañar. Si Ana tuviera la costumbre de robar, sería fácil convertirla en ladrona; el instinto asesino la hace matar. Gilberto, al darse cuenta que Ana sería incapaz de matar, que preferiría morir antes que convertirse en una asesina, desistió de esta intención, pero vio la posibilidad que ella se fuera y comenzó a utilizar todos sus recursos para lograrlo.

Cuando Ruth se fue a casa esa noche, Ana reunió a las niñas en la sala; el trío desencarnado estaba presente y prometieron que solo escucharían.

– Mamá, ¿qué tienes? Has estado abatidas. ¿Está enferma? – Preguntó Vanesa.

– No, hija, no estoy enferma. Tengo algo importante que decirles.

Presten atención. ¿Recuerdan el accidente en las montañas?

– Ay, mamá, por favor, hay que olvidar esos tristes hechos, se acabó – dijo Lívia.

– Lívia, deja hablar a mamá – pidió Vanessa.

Ana les pidió que se acercaran. Los tres se sentaron juntos y ella dijo:

– Es que he visto, sentido, lo que sea, a su padre. Gilberto me ha estado atormentando, exige que nos vayamos de aquí porque, según él, Gustavo conducía el otro carro. Lo llama asesino.

Se quedaron en silencio por un momento. Lívia rompió el silencio, hablando despacio, luego más emocionada y terminó llorando:

– Por favor, mamá, piensa en lo que vas a hacer. ¿Le crees a ese hombre? Mi padre era un tipo malo, nunca se preocupó por nosotras, ni vivo ni ahora, muerto. Nunca he estado tan bien como lo estoy ahora. ¿Cosas materiales? Sí, nunca había tenido tanto como ahora, todo lo cual ni siquiera me atrevía a pensar. Pero también tengo seguridad. En la escuela, los amigos me respetan.

– Mira – escucho – esta es Lívia, la hijastra del señor Gustavo. ¿Mi padre no ve todo esto? Ya no tenemos hambre ni frío, no estamos encerradas en ese cuartito mientras tú trabajabas el triple. ¡No tiene derecho a preguntarnos eso! ¡No tiene!

No quiero irme, mamá, por favor, por el amor de Dios. ¡El señor Gustavo es tan bueno! Ojalá fuera mi padre... Entonces, ¿quién es mi padre para preguntarnos eso? ¿Crees que no entendí la forma en que me miró? Eran iguales a mi primo, aquel al que mamá Anita temía y no nos dejaba estar cerca de él. Entendí que te diste cuenta y no nos dejabas estar a solas con papá, incluso cuando te amenazaron con una golpiza. Yo entiendo mucho de eso, la vida me lo enseñó, mi primo, en casa con mi padre, en el restaurante. Me siento segura con el señor Gustavo, con el estoy sola, nunca me miro con codicia, es una persona honesta y buena. ¡No quiero irme de aquí! ¡No quiero!

Abrazaron a Ana y lloraron. Vanessa habló dulcemente:

– ¡Tranquila Lívia! Primero tenemos que saber si lo que dice nuestro padre es cierto. ¡Desafortunadamente él no es confiable! Después les recuerdo que él tuvo la culpa del accidente, que fue imprudente, exaltado, murió por su propia culpa y provocó la muerte de Rodrigo y Marcelo. Si el señor Gustavo estaba en el otro carro, no fue culpable. He escuchado los comentarios de la gente por allí. Yo tampoco quiero irme. Pero quiero quedarme contigo, y haré lo que decidas. Pero, ¿por qué no le preguntas al Sr. Gustavo? Él te dirá la verdad. Si él era el que conducía el otro coche, no sería diferente para mí, me gusta, estoy agradecida por todo lo que ha hecho por nosotras.

– Cuando llegue Gustavo, pasado mañana, hablaré con él – dijo Ana, decidida.

– Se fueron a dormir. Los tres desencarnados guardaron silencio, salieron al balcón.

Ernesto le dijo a Gilberto:

– ¡Dios mío, qué peste fuiste y sigues siendo! Impresionante lo malo que eres...

– ¿Quién eres tú para criticarme? – Preguntó Gilberto, nervioso.

No olvides que eres un ladrón.

– Tú también robaste, engañaste, no me puedo comparar contigo, siempre he sido un buen padre. Incluso se me puso la piel de gallina al escuchar la historia de tu hija. Pervertido, la deseabas, y si no fuera por esta Ana, habrías abusado de la niña. Dijiste que querrían irse, pero parece que les gusta más el Sr. Gustavo.

– ¡Ordinario!

Se le acercó, le tiró unos puñetazos y recibió otros tantos. Ernesto volvió al lado de Gustavo y Gilberto se fue a un rincón de la finca. Anita comenzó a rezar. Ana durmió mejor, protegida por las energías que el señor Juan le transmitía. Gilberto no podía acercarse. Él estaba murmurando:

– "Debo tener paciencia, esta energía desaparecerá, tengo que evitar que regrese a ese lugar. ¡Si pudiera con esta Ruth que se la llevó! Pero ella también está protegida, está siempre orando, pensando en el bien y ayudando. ¡Seré persistente! ¡Qué ingratitud! ¡Mis hijas se pusieron del lado de él, el asesino!"

Ana decidió, seguiría yendo al Centro Espírita y le contaría todo a Gustavo apenas llegara. Una vez más, el trío desencarnado decidió escuchar la conversación sin interferir, y Ernesto le advirtió a Gilberto:

– Si te entrometes, te golpearé tanto que te arrepentirás. Mereces que te azoten, por pegarle a las mujeres...

Ana esperaba ansiosa a Gustavo. Al escuchar el ruido del auto, su corazón latía con fuerza, se dirigió al porche, trató de sonreír al verlo salir feliz del auto. Las chicas lo saludaron, fueron a la sala y esperaron. Vanessa dijo:

– Lívia, ¿rezamos?

Se arrodillaron, rezaron y fluidos de paz envolvieron toda la casa. Gustavo, al ver a Ana, notó que estaba aprensiva.

– ¿Qué tienes querida? ¿Pasó algo mientras viajaba?

- Gustavo, necesito hablar contigo. Vamos a nuestra habitación.

Se sentó en la cama y esperó a que ella hablara. Ana no supo cómo empezar, había ensayado tanto, prefirió ser honesta y decirle toda la verdad.

- Gustavo, tengo algo de mi pasado que no sabes. No te mentí, simplemente no te conté todo. Lívia y Vanessa no son mis hijas, son hijastras.

Y contó todo. Al hablar del accidente, Gustavo palideció, sus ojos se agrandaron.

- ¿Fuiste tú, Gustavo, quien condujo ese carro? - Bajó la cabeza.

- Perdóname Ana. Fui yo. Ese día, estaba en la fábrica cuando recibí una llamada de Lorena. Estaba desesperada, llorando y me dijo que Junior estaba en el hospital siendo operado de una apendicitis aguda que amenazaba su vida. Me llevé a Ernesto, un empleado de confianza, y me fui angustiado, quería llegar pronto y saber de Junior, tenía miedo que se muriera. Cuando vi la línea en la sierra, me desesperé, le di una propina al empleado para que siguiera adelante. No entendí por qué ese hombre vino hacia mí, desde mi auto. No fue mi culpa, sé que no debí intentar salir adelante; si no fuera por la ansiedad, no lo habría hecho. Cayó por el precipicio. Me asusté cuando un señor me dijo: "¡Murieron, murió el conductor! ¡No fue su culpa!" A pesar de haber dado algunos consejos, todavía llevaba una gran cantidad de dinero para depositar en el banco ya que no tenía tiempo para hacerlo aquí. Le pedí a Ernesto: "Quédate aquí y ocúpate de todo, el funeral, la viuda, dale todo ese dinero, solo después que todo esté arreglado, vete."

Gustavo hizo una pausa, se pasó la mano por la cara y volvió a hablar:

– Pero aparentemente Ernesto no lo hizo. Cuando regresó tres días después, afirmó que todo estaba hecho y que solo había muerto el conductor. Y Lorena exageró. Junior se sometió a la cirugía, pero todo salió bien. No me olvidé de ese episodio, estaba muy molesto, pero no fue mi culpa, ya que también pensé que había apoyado a la familia del muerto. ¡Ana, por favor, perdóname! Sé que debes haber sufrido mucho por todo esto. Sabes, cuando la vi llegar al restaurante con las chicas, sentí algo diferente, como si las conociera a las tres, como si necesitara protegerlas. Ese día pensé que era una atracción, pero te volviste importante para mí. ¡Te amo! Quería que lo entendieras y te quedaras conmigo.

Ana se puso de pie, se acercó a él, se sentó a su lado en la cama, lo miró. Lívia tenía razón, Gustavo era bueno, un hombre íntegro.

– Por supuesto que te perdono, Gustavo. ¡Te perdono! Entiendo que no fue tu culpa.

De verdad, ese empleado tuyo no me dio el dinero...

– Él, tiempo después, les dijo a todos que ganó una cantidad en una apuesta de carreras de caballos. Creí sin sospechar, pues era un empleado de confianza.

– ¿Lo perdonas, Gustavo? – Preguntó Ana a toda prisa.

– ¿Cómo no hacerlo, Ana? Si acabo de pedirte perdón y me perdonas. Fuiste la mayor perdedora. Perdió dos hijos... Sí, perdono a Ernesto. Sabes Ana, esta mañana abrí el Evangelio al azar y ¿sabes lo que leí? La parábola del señor que perdonó a su siervo que le debía dinero, y ese siervo no perdonó a su compañero que le debía una pequeña cantidad. ¿Quién no tiene necesidad de perdón para no perdonar? Ernesto murió y quiero que esté en paz. No sabía que hizo eso. Sabiendo ahora, lo perdono.

Ernesto lloró entre sollozos. Anita estaba feliz. Gilberto, de mal humor, se mantuvo impasible, como se acordó, no porque le hubiera dado la palabra, sino porque temía la reacción de Ernesto.

Ana escuchó a Gustavo con emoción y le habló con calma:

- Gustavo, olvidemos todo esto. Las niñas son como las hijas, las amo, les pedí que no le digan nada a nadie. Anita a su madre, cuida a mis hijos como madre. Sabes, Gustavo, estos días fueron difíciles, Ruth me llevó a dar un pase a un Centro Espírita cercano, quería pedirte permiso para asistir a este lugar de oración.

- No tienes religión, ¿verdad, Ana? Bueno, es necesario. No hace falta que preguntes, puedes ir. Y tienes razón, olvidémonos de este desafortunado evento. Te admiro aun más, querida. Nunca volveremos a hablar de este tema, y que no interfiera con la vida pacífica que estamos viviendo.

Ella sonrió y lo abrazó.

- Voy a darme una ducha, estoy cansado - dijo.

Él entró al baño y ella corrió hacia las chicas. Se conmovió al verlas arrodilladas en oración.

- Entonces, mamá, ¿es mentira? - preguntó Lívia.

- No, Lívia, es verdad...

Les contó toda la conversación y terminó:

- Gustavo y yo decidimos olvidar este triste hecho. No fue su culpa y no nos vamos de aquí por eso.

- ¡Oh, gracias a Dios! ¡Mil gracias, Nuestra Señora! Así es, mamá, olvidémoslo. Pero el señor Gustavo, sabiendo ahora que no somos tus hijas, ¿nos tratará diferente? ¿Nos querrá aquí? - Preguntó Lívia, preocupada.

- Lívia, para Gustavo, será como siempre. ¡Y yo soy tu madre! - Expresó Ana.

- ¡Deberíamos estar aun más agradecidas con él! - Expresó Vanesa.

Hiciste lo correcto, mamá. No solo para nosotros, sino para ti. El Sr. Gustavo te trata como se merece. Te amo y me gusta mucho él. ¡Olvidémonos de este asunto!

Gustavo salió de la ducha, miró a las niñas y dijo alegremente:

– ¡Traje regalos!

Abrió la maleta con los paquetes. Vanessa, con los ojos llorosos, se acercó a él y habló emocionada:

– Señor Gustavo, muchas gracias. ¡Me gustas, señor! Y lo besó en la mejilla. Sonrieron felices y abrieron los regalos.

Los tres desencarnados se dirigieron al balcón.

– Estás feliz ahora, ¿verdad, Anita? – Preguntó Gilberto.

– Creo que estuvo bien, Gilberto – respondió ella.

– ¡Pues Ernesto, adiós! Te vas ahora, ¿no? – Preguntó Gilberto. Ernesto se conmovió, aun tenía lágrimas en el rostro, pero respondió enérgicamente:

– ¡¿Yo?! ¡Claro que no!

– ¿Cómo que no? Diste tu palabra que te irías en cuanto el señor Gustavo te perdonara. Ya ha sucedido y harás lo que prometiste.

– No lo haré, querido – respondió Ernesto –. No me iré mientras estés aquí, queriendo dañar a este hombre honorable y maravilloso.

– ¡Has dado tu palabra! – insistió Gilberto.

– ¿Y un ladrón indigno tiene palabra? No me voy y ahora tengo más motivación para defender al señor Gustavo con mi vida... Bueno, no estoy vivo, pero lo defiendo con todas mis fuerzas – expresó Ernesto con convicción.

Gilberto se retiró a su rincón, murmurando:

– No me rendiré, no lo haré...

8.– En el Centro Espírita

Ernesto redobló su vigilancia mientras Gustavo estaba en la finca. Pasaron tres días tranquilos. Gilberto se quedó a cierta distancia, mirando enojado.

– Habla de tus hijos, Ana. Debes extrañarlos mucho – preguntó Gustavo.

Estaban sentados en el porche, ella no quería hablar más del tema, pero le entraron ganas de hablarle de sus hijos, le contó de la época en que los chicos estaban a su lado, lo hermosos que eran, lo felices eran, cómo los cuidaba. Terminó diciendo:

– Los amo, siempre serán mis queridos hijos, creo que viven en otro lugar bueno, hermoso, y que tienen a Anita por madre, son felices y eso me basta. La vida no siempre es lo que queremos que sea, pero podemos vivir bien con lo que tenemos. Pasé momentos difíciles, fui irresponsable peleando con mi padre para quedarme con Gilberto, sufrí mucho. El período que estuve en ese restaurante fue muy malo, trabajé tensa, temerosa que alguien se metiera con las chicas. ¡Estoy feliz aquí, tengo paz y ellas lo están haciendo muy bien! Quiero agradecerte, te lo debo.

– Prefiero escuchar que me amas, pero soy paciente, un día lo dirás. Las chicas están llegando. Me gustan, son educadas y agradables, las ayudaré y guiaré en la vida.

Gustavo salió temprano el lunes y Ana no veía la hora de ir al Centro Espírita. Se adelantó a lo previsto, se sentó y oró. Ese lugar le dio calma, se sintió bien. Vio que algunas personas tomaban libros para leer de un estante y Ruth explicó:

– Podemos tomar prestados libros, solo márcalos en el cuaderno; se le permite conservar el libro hasta por veinte días.

– Quiero conseguir uno – dijo Ana –. ¿Cuál debo leer para entender lo que me pasa?

– *El Libro de los Espíritus*, de Allan Kardec. Es genial, pero tal vez no lo entiendas.

– Tomaré este; si no lo entiendo, te pregunto.

Así lo hizo. A la hora señalada, se iniciaron los trabajos con una conferencia. La invitada de la noche fue Antonina, quien habló sobre un texto del Evangelio, y luego las personas necesitadas pasaron al salón de pases. Ruth le dijo a Ana en voz baja:

– Cada semana es una persona que estudia un tema y habla siempre tratando de ser claro y sencillo. Luego tenemos el tratamiento a través del pase, pero este debe usarse como medicamento, solo cuando sea necesario.

Pensando que lo necesitaba, Ana fue a recibir un pase como antes, se sintió muy bien.

Esa noche comenzó a leer el libro y lo encontró muy interesante. El otro día le preguntó a Ruth:

– ¿Ruth solo hay trabajo los lunes en el Centro?

– No señora, hay demasiadas actividades. El miércoles está el grupo de estudio; estamos estudiando *El libro de los Médiums*, de Allan Kardec; el jueves tenemos un trabajo de orientación a los desencarnados, de desobsesión; el domingo hay evangelización de niños y encuentro de jóvenes para el estudio de la Doctrina. También nos reunimos los sábados por la tarde para coser y ayudar a familias necesitadas.

– ¿Puedo ir? – Preguntó Ana.

– Será bienvenida. Solo te aconsejamos que no vayas a trabajos de desobsesión sin preparación. Ven conmigo los miércoles, disfrutarás visitando nuestro estudio.

Ana decidió leer y estudiar *El Libro de los Espíritus* y así lo hizo en todo su tiempo disponible. Ya en la primera página comenzó a meditar las palabras:

"Conteniendo los principios de la Doctrina Espírita sobre la inmortalidad del alma, la naturaleza de los espíritus y sus relaciones con los hombres, las leyes morales, la vida presente, la vida futura y la futuro de la humanidad según la enseñanza dada por los espíritus superiores con la ayuda de varios médiums. Compilado y ordenado por Allan Kardec"

– Creo – Ana habló en voz baja – que eso es lo que necesito saber para solucionar mis problemas y ayudar a Vanessa, que siempre ha oído y visto a Anita que es una desencarnada.

Al que no le gustó fue Gilberto, quien murmuró:

– ¡Qué aburrido! Ana solo lee este libro y no me hace caso. Si me quedo cerca de ella, la escucho leer; creo que tendré que tomarme un descanso, debo tener paciencia...

– ¡Gilberto! – llamó Anita.

– ¿Tú de nuevo? – Respondió –. ¿Qué quieres?

– Es bueno que cultives la paciencia.

– ¡No te metas! No te burles de mí, encontraré la manera que Ana haga lo que quiero.

Nunca tuve mucha paciencia...

– ¿No quieres saber qué está leyendo Ana con tanto interés? ¿No tienes curiosidad por conocer las muchas formas de vivir sin el cuerpo físico? Sabes tan poco al respecto. Aquí está el libro que lee Ana, te lo regalo para que hagas lo mismo.

Anita le dio *El Libro de los Espíritus*; él lo tomó y se rio.

– ¡Muy grueso! ¿De verdad crees que voy a leer esto? Nunca me han interesado los libros...

Leí algo de pornografía...

Perdiste la oportunidad de aprender cuando estabas encarnado, no la rechaces ahora – dijo Anita con calma.

– ¿Cómo conseguiste este libro? Es lo mismo que lee Ana, pero hay algo diferente.

– ¿Cómo se hizo? – Preguntó Gilberto, curioso, examinando el libro.

Anita sonrió y respondió, aclarando:

– ¿No estás vestido? Yo también tengo ropa Están formados, se puede hacer mucho con la fuerza de la mente, con la voluntad. Aprenderás esto y mucho más leyendo...

Gilberto pareció interesado, pero inesperadamente arrojó el libro al suelo del jardín.

– No lo quiero y no me molestes...

Fue a su rincón, Anita tomó el libro.

– Todavía leerás, Gilberto, ¡lo harás!

Gilberto pensó en Ana y recibió sus pensamientos, los cuales leyó en el libro.

– ¡Qué aburrido! ¡No puedo más con estas tonterías!

Quería irse por un tiempo, pensó y no encontraba a dónde ir. Decidió esperar a que pasara el entusiasmo de Ana, seguro que pasaría, y se puso a observar a Ruth; ella no debería ser tan recta como parecía ser. Ana llegó al capítulo 9 – "La Intervención de los Espíritus en el Mundo Corporal." En la respuesta a la pregunta 474, leyó muchas veces el pasaje: "Pero sepa que esta dominación nunca se hace sin la participación de quien la sostiene, ya sea por su debilidad o por su deseo." "Eso es lo que sucede – él pensó –, he dejado que Gilberto interfiera en mi vida, lo he estado escuchando. ¡Oh, Dios mío! ¡Estoy descubriendo un mundo nuevo y lo estoy disfrutando!

El miércoles fue con Ruth al Centro Espírita. Ella la presentó al grupo:

– Ella es mi jefa, doña Ana, que está pasando por un momento difícil y quiere asistir al grupo de estudio para que entienda lo que le pasa.

– ¡Sea bienvenida!

Después de una oración, se abrió *El Libro de los Médiums* y el Sr. Juan explicó:

– Estamos estudiando el libro de Kardec sobre la mediumnidad.

Ana decidió no estorbar; aunque no entendiera, no preguntaría nada. Según Ruth, se leyó un texto y se hicieron comentarios. Pero antes de empezar a leer, una señora preguntó:

– Sr. Juan, ¿realmente es necesario que el médium estudie? ¿Conozca la Doctrina?

¿No es preferible que tenga buena voluntad y trabajo?

– Es importante tener buena voluntad y trabajo, de nada sirve tener conocimientos. El que sólo sabe y no hace nada con lo que sabe, en mi opinión, es como aquella higuera de la que habló Jesús a sus discípulos, que no dio fruto. Pero también veo un médium que no quiere estudiar como alguien que quiere hacer una gran cena y no entiende nada de cocina. Solo entrar a la cocina – Centro Espírita – y ser cocinero – médium – no hará que la cena sepa bien. Muchos médiums que no estudian culpan de las tonterías que hacen a los desencarnados que reciben. Hay muchos desencarnados sin conocimiento, pero también, como muchos encarnados no quieren estudiar, el trabajo que hacen podría ser mucho mejor. Y muchas personas desencarnadas son incapaces de transmitir lo que saben al médium porque él no tiene conocimiento. Ahora bien, si unes los factores, conocimiento, voluntad y disposición, el trabajo saldrá de la mejor manera posible; y si unimos amor con ingredientes, entonces sí, estaremos siguiendo el ejemplo de Jesús, de los espíritus superiores. Ahora abramos el libro en el capítulo 23 y continuemos donde lo dejamos: lea las preguntas 242 y 243.

Ana escuchó fascinada, y un señor hizo una pregunta:

– ¿El desencarnado que persigue a una persona encarnada es consciente que está ocupando su tiempo indebidamente? ¿Por qué hay tantos para obsesionar?

El señor Juan respondió, aclarando:

– Como ya hemos visto y veremos en el transcurso de este capítulo, los descarnados se obsesionan por muchas razones. Podría responder simplemente: por la falta de perdón. Eso lo resumiría todo. Sin embargo, el tema es más amplio. Hay desencarnados que se engañan a sí mismos, queriendo seguir viviendo como encarnados y para eso tienen que vampirizar, robar las energías de otras personas para sentirse alimentados, porque no saben sacar energía de las fuentes naturales para sí mismos. Estas obsesiones son sencillas de resolver, especialmente para los encarnados que vienen a nosotros; se ofrece ayuda a los desencarnados; tener la libertad–voluntad, pueden aceptar o ir a buscar otro encarnado para vampirizar. Hay obsesiones por el amor sin comprensión, el desencarnado quiere estar cerca de su afecto y a veces hasta piensa que lo ayuda. Pero nadie lo hace sin saber, sin poder. Estos también son casi siempre fáciles de solucionar, porque el desencarnado, al comprender que está equivocado, queriendo el bien del ser amado, acepta aprender a ser útil para ayudar más adelante. Quien no ha perdonado persigue con rencor, necesita tanto desencarnado como encarnado de comprender la necesidad de perdonar y hacer el bien.

El señor Juan hizo una pausa por un momento y continuó:

- Ahora estoy recordando una historia que leí hace algún tiempo y que adaptaré para ilustrar mejor este hecho.

"Un hombre, llamémosle José, caminando por el campo, llegó a la orilla de un arroyo. Aunque no era profundo, era ancho. Vio a un anciano y todo indicaba que quería cruzar. José se acercó y le ofreció :

- ¿Necesita ayuda, señor?

- Buen joven, quería cruzar este río, pero estoy enfermo y no puedo mojarme.

- Soy fuerte, si quieres puedo llevarte al otro lado.

El señor aceptó sonriendo y José lo cargó sobre sus hombros y lo llevó al otro lado.

- Gracias, querido - agradeció el anciano -. Acabas de ser probado por mí, un genio, el señor del destino de los hombres.

José se sobresaltó al ver que ese anciano se transformaba y vio a un hombre bien vestido, alto y fuerte frente a él.

- José, no te alarmes. Porque me hiciste un favor, te haré otro. Te llevaré a la cueva donde está el libro del destino. Te dejaré allí durante tres minutos y podrás escribe lo que quieras en él.

Y José fue rápidamente transportado por el genio a la gruta.

Fue tan rápido que no tuvo tiempo de saber dónde estaba este famoso lugar.

- Aquí está el libro, un bolígrafo y recuerda, ¡tienes tres minutos! - dijo el genio y se retiró, dejando solo a José.

Y abrió el enorme libro e inmediatamente encontró la página en la que estaba escrito su nombre. Pero pensó: 'Tengo una gran oportunidad para vengarme de mis enemigos'.

Rápidamente, buscó el nombre del primero, encontró su página y escribió: 'vas a quedar ciego'. Buscó al segundo y al encontrarlo anotó: 'vas a quedar en la miseria'. Y así lo hizo con el tercero, y determinado: 'morirá solo y abandonado'. Cuando iba a buscar de nuevo su nombre, apareció el genio y le dijo:

– ¡Tu tiempo se ha acabado!

Y José se vio transportado como un relámpago a la orilla del río.

¿Y saben qué le pasó a José en esta singular historia? Fue abandonado por su esposa e hijos, quedó solo, en la miseria y ciego. Y peor aun, se arrepintió, porque si no hubiera perdido el tiempo con su enemigos, ciertamente habría tenido una vida diferente.

Ciertamente el libro del destino no existe como se narra en este cuento, pero sí lo que hacemos con nuestras acciones.

Muchos como José se pasan la vida preocupándose por los descontentos, olvidándose de hacer algo bueno por sí mismos, y peor aun, siguen después de la desencarnación preocupándose por los que creen que son sus enemigos.

Si nos olvidamos de nuestros descontentos y no hacemos nada para dañarlos, no tendremos nada de qué quejarnos, como José, que podría haber prestado más atención a los afectos y no haber sido abandonado, se hubiera dedicado más al trabajo y no terminaría en miseria, vibrando mejor Si el desencarnado, en lugar de querer vengarse, hubiera buscado el bien, tendría salud proveniente del equilibrio espiritual, tendría el mérito de estar cobijado en una Colonia y gozaría de las bellezas que ningún material la riqueza puede dar.

Debió haber hecho amigos y haberles prestado más atención, porque tener amigos nunca es estar solo o sentirse abandonado.

El tiempo pasa y no hay retorno. Hemos visto a mucha gente desperdiciarlo en lastimar a los demás, en vengarse, cuando podría ser hacer algo bueno por uno mismo. Algún día entenderás, como José, que no vale la pena alimentar dolores de cabeza, porque lo que deseamos para los demás es lo que atraemos hacia nosotros mismos."

Clase, el estudio de la tarde ha terminado.

Ana creyó que se le pasó rápido y pensó:

– "Quiero deshacerme de Gilberto, pero no pensé en ayudarlo. Creo que tengo que cambiar mi forma de actuar, debo ayudarlo, no sé cómo. Pero aprenderé el problema, resolveré mi problema, pero no el de él; sin embargo, si lo guías, ayudándolo, entonces sí, resolveremos el problema."

– Ruth, quería leer el libro que estudias. Pronto terminaré de leer *El Libro de los Espíritus* y creo que tendré que hacerlo muchas veces hasta asimilar lo escrito en él. Pero este tema, la obsesión, me fascina, quiero leerlo para que en la próxima clase tenga algo de conocimiento y lo entienda mejor.

– Tengo una copia en casa, te la presto.

En el trabajo de desobsesión del jueves, Anita habló con los trabajadores desencarnados del grupo.

– Les pido, si es posible, que guíen a Ernesto y Gilberto a través de la incorporación.

– Anita, ya habíamos hecho una cita para verte – respondió uno de los asesores.

Cuando doña Ana vino aquí, nos dimos cuenta de la necesidad de guiarlos. Los traeremos pronto.

Faltaban unos minutos para empezar a trabajar, habían llegado algunos encarnados, entre ellos Ruth. Los trabajadores desencarnados de la casa fueron a buscar a Ernesto y lo trajeron. Estaba con Gustavo; sin entender cómo, sintió como si volara y se encontró en el Centro Espírita, en aquella sencilla sala con bancas, mesa y sillas. Miró todo asustado, y un trabajador del equipo lo calmó:

– No tenga miedo, señor Ernesto, aquí estamos reunidos por el amor de Cristo para ayudar a todos los necesitados. Estoy desencarnado como usted, lo trajimos aquí para que nos guíe.

– ¿Cómo llegué aquí?

– Dos amigos fueron a recogerlo. No lo vio porque su actitud y pensamientos vibran diferente, y ellos prefirieron que viniera rápido. Ahora visítanos porque estamos preparados para esto, para ayudarlo mejor. Estos dos compañeros lo tomaron del brazo y lo condujeron de regreso aquí. Volitar es moverse por la fuerza del pensamiento. Es cómo volar por el espacio. ¿No se siente bien?

– ¡Tengo miedo! – Exclamó Ernesto.

– No hay nada que temer, está entre amigos.

El asesor se alejó. Ernesto vio a mucha gente orando y empezó a orar también. ¡Qué importante es el ejemplo! Los encarnados esperaban el comienzo en las oraciones, llevando también a muchos desencarnados a orar, y todo se facilita con los fluidos de la oración. A Ernesto se le pasó el miedo y se quedó callado, esperando.

También buscaron a Gilberto, que estaba en la finca. Actuaron de la misma manera, porque este proceso es muy utilizado. Para evitar discusiones o intentos de agresión por parte de los rescatados, los rescatistas no se hacen visibles, toman a la persona que vinieron a buscar y regresan con él, quien no entiende cómo llegó de un lugar a otro tan rápido. Gilberto incluso trató de reaccionar, pero no pudo y fue rápidamente al Centro.

Entonces vio a dos señores a su lado y comenzó a gritar y patear, intentó atacar y quedó inmovilizado. De esta forma, el desencarnado se siente atado, no puede moverse. He visto en algunos lugares que estos rebeldes en realidad están atados con cuerdas, cadenas, materiales moldeados por trabajadores locales. Sin embargo, esto no es necesario, la fuerza del pensamiento de quien sabe usarlo inmoviliza a la persona rescatada para que no perturbe el medio ambiente. Y a Gilberto hasta se le impidió hablar para que no maldijera, sólo escuchaba y miraba.

– Señor Gilberto – explicó un supervisor –, así se quedará hasta que se comporte, no queremos lastimarlo aunque nos lastime a nosotros. Aquí es un lugar de oración y exigimos respeto. Lo trajimos aquí en un intento de ayudarlo a tener una vida mejor.

Gilberto se tensó, observó todo y pensó:

– Estoy en medio de idiotas que solo rezan.

El desencarnado que está programado para recibir orientación a través de un intercambio se acerca a un médium, esta aproximación es de veinte a ochenta centímetros, aunque varía mucho, pero no hace falta que el desencarnado se acerque mucho al encarnado. Éste sólo incorpora las sensaciones y transmite los pensamientos, habla y el médium repite el sentido o, a veces, palabra por palabra, Gilberto estaba atento. Observó a Ruth que, sentada en una silla a la mesa, repetía lo dicho por un desencarnado. Le tocó el turno a Ernesto, quien respondió al saludo del líder encarnado y fue sincero.

– ¡Me gustó aquí!

– ¡Qué bueno! – Respondió el asesor –. Te invito a quedarte con nosotros.

– ¡No puedo! Tengo algo importante que hacer. Aquí tendría paz, aprendería, tal vez incluso sería feliz. Pero me equivoqué y tengo que reparar de alguna manera lo que hice para ser digno de este beneficio. Te lo ruego, te lo ruego me recibas más tarde. Si el de allá que quiere hacer daño a quien tanto debo y ya no hace más daño, me quedo. Si no lo hace, déjame ir y proteger a mi benefactor.

– ¿Sabes cómo hacer esto? – Preguntó el asesor.

– Eso pensaba, pero ahora tengo dudas.

– Te entendemos. Contarás con nuestra ayuda. Un amigo de la casa te ayudará.

– ¡Lo agradezco! ¡Dios te bendiga!

Era el turno de Gilberto. Se acercó a un señor y, cuando pudo hablar, maldijo.

Pero el médium guardó silencio.

– ¿Por qué no repite? ¡Lo hizo con los otros!

Entonces el médium lo repitió y el asesor explicó:

– Si atacas, volverás a quedar inmovilizado. El médium es ilustrado, educado en sus facultades y no tiene por qué repetir tus palabras agresivas. ¡Sé cortés! ¡Respeta dónde estás!

– ¡No vine aquí porque quisiera! No quiero estar en este lugar que me molesta.

– ¡Estás molestando a los demás! Pierdes tu tiempo, podrías usarlo para tu bienestar.

– No tengo nada que hacer... – Expresó Gilberto.

– Todos lo hacemos, ¿no quieres aprender a vivir de otra manera? ¿Conoces lugares aptos para los desencarnados?

La conversación duró unos minutos y Gilberto se mostró inflexible. Fue retirado del médium y fue inmovilizado en su propia parte. Con una hermosa oración cerraron la obra. Gilberto fue liberado y regresó a la finca.

– "Tengo mucho que aprender. Estos desencarnados son sabios, me gustaría volar como ellos; pero una cosa aprendí, a hablar a través de un encarnado. Y que Ruth es una de ellos. Ahora verá qué pasa con esos que interfieren en mis planes."

Ana tomó de Ruth *El Libro de los Médiums* y ya en la primera página leyó y releyó el texto:

"Contiene la enseñanza especial de los Espíritus sobre la teoría de todo tipo de manifestaciones, los medios de comunicación con el mundo invisible, el desarrollo de la mediumnidad, las dificultades y contratiempos que se pueden encontrar en la práctica del Espiritismo."

– ¡Son libros para estudiar, leer muchas veces, y lo haré! – Exclamó decidida.

Gilberto estaba inquieto, caminando por la finca, pensando:

– "Necesito encontrar algo que hacer ahora, de lo contrario seré derrotado. Pero, ¿qué?"

En la mañana llegó nervioso el jardinero, el señor Nicanor, que en verdad era una persona buena, honesta, trabajadora y que quería mucho a sus patrones, y Gilberto pronto se le acercó. Se había peleado con su esposa y estaba molesto, insatisfecho, y eso fue suficiente para que la ex pareja de Ana pudiera influir en él.

– ¡Pelea de verdad! – le dijo Gilberto al señor Nicanor –. ¡A una mujer hay que pegarle para ser obediente! ¿Para qué trabajas tanto? ¡No lo aprecian!

El señor Nicanor captó algo y suspiró. Realmente lo sintió, así que sintonizó con Gilberto, quien quedó encantado. Pero a él no le importaban sus peleas, y tenía una idea.

– ¡Nicanor, todo lo que está pasando es porque Ruth va a ese lugar horrible que se mete con el diablo y anda corriendo por aquí metiéndose en el camino de todos! Hasta se está llevando a su ama. ¡Hay que abrirle los ojos al señor Gustavo! Doña Ana es buena y hay que advertirla ¡Todo esto es por culpa del diablo!

El señor Nicanor pensó, dejó de trabajar y concluyó:

– "Todo iba bien hasta que doña Ana fue al Centro Espírita. Es mi deber como empleado advertirle, la pobre no debe saber del peligro que corre."

Ante esto, Ana se sentó en el porche. Gilberto insistió:

– ¡Ve allí, Nicanor, y habla con ella!

Animado por Gilberto, el jardinero impulsivamente fue a hablar con su ama, queriendo ayudarla. No era propio de él entrometerse, pero pensó que debería advertirla. Él la saludó, tímidamente, y de inmediato habló para no desanimarse:

– Doña Ana, usted es una buena persona, me gusta mucho el señor Gustavo y me veo en la obligación de advertirle. No debe ir a ese lugar, allá al Centro Espírita. Los espiritistas se meten con el diablo. ¡Eso sí! ¡Hablan con el diablo! Yo... bueno... lo siento, pero tenía que decírselo para que no se deje engañar. ¡Voy yendo!

El señor Nicanor se alejó y comenzó a pensar:

– "Si es el diablo el que me está haciendo pelear con mi esposa es porque lo escuché y le respondí. Me voy a la casa a disculparme, le digo a María que le encienda una vela a la Virgen y me voy a trabajar rezando. "

Y Gilberto se asustó.

– ¡Qué cosa más difícil meterse con gente buena! ¡Oh, Dios mío! – Él murmuró.

Pero Ana seguía pensando en lo que le había dicho el jardinero y Gilberto estaba feliz.

Fue a buscar a Ruth, que estaba lavando la ropa, y le preguntó:

– Ruth, ¿es verdad que los espiritistas se meten con el diablo? – Ruth sonrió, divertida, y respondió:

– Doña Ana, ¿hay que meterse con el diablo? ¿No es él quien nos tienta? Te lo explicaré para que no tengas miedo. Todos los espíritus rebeldes a las Leyes Divinas son imprudentes que por algún tiempo siguen el camino del mal. Son los opositores, es cierto que entre ellos hay algunos muy malos, a los que se les pone diablo, satán y tantos otros nombres. Existen mediumnidades, personas con mediumnidad que utilizan esta facultad para perjudicar a otros o en beneficio propio, pudiendo invocar a estos espíritus. Pero no es nuestro caso. ¿Qué viste allí? Un lugar cristiano, de estudio evangélico y que solo hace el bien.

Doña Ana, hay religiones que también hacen este canje, pero los buenos desencarnados se llaman espíritus santos; los que aun no han tenido guía y los malos, llamados diablos. Y muchos de estos espíritus, llamados diablos y otros nombres, solo necesitan recibir orientación, ser guiados, dejan de hacer el mal. Eso es lo que tratamos de hacer, orientar, guiar espíritus que vagan, temerarios y oscuros, y lo hacen en los Centros Espíritas serios. Instruir a los hermanos y hermanas para que sigan el buen camino es una gran caridad.

Ana entendió y quedó satisfecha, pero Gilberto estaba furioso.

– ¡Qué cosa! ¡Nada sale bien! Estaré muy pendiente de esta Ruth. La incorporaré. Las palabras extrañas dan la impresión que uno puede entrar en su cuerpo, pero eso no sucede. Lo haré como en el Centro Espírita!

Se acercó a Ruth, que lo palpó. Médium estudiosa, sintió la incómoda vibración de Gilberto y reconoció que era un desencarnado con intenciones maliciosas. Por esta y otras razones, a los más sensibles se les aconseja estudiar – desarrollarse –, aprender a manejar esta facultad para ayudar mejor y defenderse. Y debemos conocer los desencarnados por fluidos, que no son modificables, porque muchos de estos imprudentes desencarnados saben modificar su apariencia periespiritual y pueden tomar la forma, la semejanza de lo que quieren. Pero las vibraciones, estas no engañan. Los buenos transmiten tranquilidad, bienestar; mal, incomodidad. Pero es sólo con la experiencia que uno puede realmente distinguir.

Ruth pensó en su protector y éste, en instantes, estuvo a su lado. Gilberto frunció el ceño y trató de explicar:

– Solo quería incorporarla, como lo hace allí en el Centro Espírita.

– Bien lo dijiste amigo, en el Centro Espírita y en su momento, el que no es ahora.

– Pensé que podría hacer eso en cualquier momento – dijo, riéndose.

El protector desencarnado de Ruth sonrió con calma. Mirando serenamente, pero con autoridad, lo aclaró:

– Cuando un médium tiene derecho a la protección; es decir, trabaja con su mediumnidad para el bien, tiene un compañero desencarnado que lo protege. En el caso de Ruth, asidua trabajadora, me tiene como protector, amiga del trabajo, y no permitiré que la perjudiques!

– ¿Eres una niñera de red? ¡Buen trabajo! – se burló Gilberto, riendo cínicamente

– No – amigo, no soy niñera, soy un acompañante y no me quedo a su lado todo el tiempo. Tengo mi trabajo, pero estoy apegado a ella para atender cualquier llamada y protegerla. La acompaño en situaciones difíciles y peligrosas como amiga y colega. Hago un trabajo donde puedo estar fuera y servirte en un momento.

Gilberto se alejó, molesto. Ruth se calmó, sintiendo la presencia de su protector, y este trabajador desencarnado, después que todo estuvo arreglado, se alejó, tenía mucho que hacer.

Un desencarnado para ser protector, guía y orientador de un encarnado, necesita prepararse para ello, y aun con esta preparación sólo protegen a los encarnados si lo merecen; es decir, si son útiles trabajando con su mediumnidad. Sin embargo, los consejeros no están disponibles las veinticuatro horas del día, a menos que el médium vea a muchas personas al día, como solía hacer el señor Juan, o en ocasiones especiales de un ataque de espíritus oscuros. En el caso de Ruth, una médium que asistía a un Centro Espírita para trabajar en horarios fijos, su protector también trabajaba en otro lugar, en un Puesto de Socorro, pero estaba conectado con ella para asistirla cuando lo necesitara. Cuando el médium de trabajo se ausenta del trabajo útil, si es por causa justa, por enfermedad, continúa la protección. Pero si el médium se va sin razón, se acaba la protección, porque el desencarnado tiene trabajo que hacer y no se le permite proteger a quien no lo merece. El desencarnado preparado para esta obra sabe bien cómo actuar y no está para facilitar o hacer lo que es tarea del encarnado. Solo actúa como este amigo de Ruth, no permitiendo que ocurran abusos. Pero muchas veces el protector tiene dificultades porque el encarnado está en sintonía con el malicioso desencarnado. Pero los médiums estudiosos y trabajadores sólo pasan por estas penalidades para aprender, porque es necesario hacerse autosuficientes para ser realmente útiles. También conozco a muchos protectores no preparados que ayudan pero, sin el conocimiento necesario, fallan en hacer mucho o lo hacen incorrectamente. Nadie queda sin protección, especialmente aquellos que hacen y mantienen amigos. A veces el protector no lo hace, pero otros que aman si, protegen más. Los que tienen amigos tienen más cosas de las que creen. También he visto ayudar mucho a familiares desencarnados. En esta historia, vemos a Anita ayudando, pero, con un espíritu iluminado, pidió permiso y ayudó con sabiduría, dejando que Ana buscara ayuda para aprender, pero tuvo cuidado que Gilberto no fuera demasiado lejos. Los médiums no deben por ningún motivo pedir la intervención de su mentor, ni molestar tanto al desencarnado que los protege. Los espíritus laboriosos siempre tienen algo que hacer. Gilberto se burló de llamar niñera al protector de Ruth. No son. Los mentores deben ser vistos y tratados como compañeros, amigos y respetados por todo lo que hacen.

Gilberto se fue a su rincón preocupado, las cosas no le iban bien y refunfuñaba:

– ¡Malditos espíritus!

9.–
Ayudando a Gilberto

El fin de semana transcurrió en paz. Llegó Gustavo y Ana estaba como antes. Charlaron alegremente, intercambiaron ideas; las chicas entendieron que a él no le importaba saber la verdad y eso las tranquilizó.

El lunes Ana fue con Ruth al Centro Espírita, siguió leyendo los libros de Kardec ahora con más atención, meditando las enseñanzas. Un asesor desencarnado del grupo empezó a reunirse con Ernesto, para hablar con él.

– Ernesto –explicó–, no debes estar tan cerca del señor Gustavo, ora más, tómate el tiempo de leer estos libros.

– Gracias, haré exactamente lo que dices – respondió con sinceridad el exempleado de Gustavo.

– Ernesto, te estaré vigilando; ve al Centro Espírita, hoy tendremos una interesante conferencia para los desencarnados.

Empezó a ir cada vez que lo invitaban, disfrutaba participar en las reuniones, entendió que debe ser genial poder quedarse con esos nuevos amigos, entendió que necesitaba ayudar a Gilberto, porque si renunciaba a su venganza, podía irse y vivir con dignidad la vida desencarnada. Los Centros Espíritas laboriosos no sólo tienen actividades para los encarnados, el trabajo incluye a los desencarnados, hay asistencia médica, charlas educativas, normalmente una sala de urgencias las 24 horas para los más necesitados.

Gilberto comenzó a observar a Ruth más de cerca. Un día la vio observando a las niñas jugar en el jardín, reían y cantaban alegres. Escuchó sus pensamientos:

"Mi hijo tendría casi su edad, ¡cómo me arrepiento de haber hecho eso!"

– ¿Qué? – preguntó Gilberto, mirándola fijamente –. ¡Vamos, piensa! ¡Quiero saber! ¿Tuviste un hijo?

Ruth recordó y Gilberto escuchó:

– "Era tan soñadora, me encantaba, quedé embarazada, me desesperé y aborté…"

– ¡Ah! ¡No eres tan correcta! ¡Y encima "abortista"! ¿No sabes que es pecado? ¡Te equivocaste y te hiciste la tonta! ¡Trabaja allí en el nombre del Señor! ¡Inútil! ¡No eres digna de actuar honestamente!

Ruth recibió los pensamientos de Gilberto de manera confusa y lamentablemente lo escuchó; se contuvo para no llorar. Anita observó la escena, intuyó a Ana para ir hacia ella y al verla callada mirando a las niñas, sintió que Ruth estaba triste, angustiada, se acercó:

– Ruth, ¿qué pasa? ¿Te sientes mal?

La mujer interrogada no contestó, bajó la cabeza. Ana estaba preocupada. Ruth fue muy servicial, trabajadora y amable. Fue un descuido, se olvidó que la ayuda de las tareas del hogar podría tener problemas.

– Si puedo ayudarte… Sentémonos aquí. ¿No quieres hablar, dime qué está pasando? ¿Estás enferma? Te llevaré al médico. ¿Quieres unos días libres?

Ruth se sentó al lado de Ana y habló en voz baja. Gilberto estaba atento, Anita también, pero no la vio.

- Doña Ana, estaba mirando a las niñas y me emocioné. Gracias, no estoy enferma y no quiero tiempo libre. Es que recordaba hechos pasados y estaba triste. Sabes, podría tener un hijo o una hija para alegrar mi vida, tal vez ahora estaría jugando con las niñas, tendría la misma edad.

- ¿Tuviste un hijo? - preguntó Ana.

- ¡No lo tuve, no lo dejé nacer, lo maté! - Respondió Ruth conteniendo las lágrimas. Se quedaron en silencio por un momento.

- ¿Abortaste? Dime, Rut. Te hará bien hablar.

- No mentí cuando hablé de mí. Me llevaba bien con mi ex jefa, ella tenía un hijo casado que siempre venía a visitarla. ¡Médium! Se dio cuenta y empezó a prestarme más atención y nos hicimos amantes. Sin embargo, dejó en claro que no iba a abandonar a su esposa. Creo que nunca me amó. Quedé embarazada, me asusté, dijo que hasta me ayudaría económicamente, pero tendría que jurar que no le diría a nadie que el niño era suyo. Conociendo a una mujer que tuvo un aborto, lo hice. Lo lamenté mucho. Doña Eugênia, mi ama, no me iba a abandonar; Pasaría por dificultades, pero ¿quién no? Si lo tuviera conmigo ahora, tendría a alguien mío por quien preocuparme, apoyarme, alguien que me llamase madre, que me dé un tierno beso. ¡Lo lamento tanto! Cometí un grave error y lo pagué. Un niño es una bendición y sería mi alegría...

- Aun eres joven, Ruth, puedes tener otros hijos... - dijo Ana animándola.

- Yo no tendría un hijo solo por tenerlo, y además, ya no puedo tenerlos. Doña Ana, el aborto estuvo mal, quedaron secuelas y ya no puedo ser madre... Si conozco a alguien, le cuento mi problema.

Gilberto se burló:

– ¡Así que la santita del palo hueco abortó! ¡Y está ahí dando lecciones de moral!

¡Hipócrita!

Ruth comenzó a llorar.

– Doña Ana, creo que ya no voy a trabajar en el Centro Espírita. ¡Soy indigna! Soy bueno para nada. En el Espiritismo se enseña que no debemos practicar el aborto. Impedí que un espíritu reencarnase. Le he pedido perdón a Dios y a ese espíritu muchas veces.

Ruth, sabes que vivo aquí con Gustavo sin estar casado y que tampoco viví con el padre de las niñas. Creo que es difícil encontrar a alguien que no haya cometido un error. Te entiendo, debes haber pasado por un período difícil y desesperado.

Se oyeron aplausos, aplausos.

– ¿Puedo entrar? Los de casa!

– Es el señor Juan – dijo Ruth, levantándose. Se acercó, las saludó a ambas. Ana lo invitó:

– Adelante, Sr. Juan, siéntese con nosotras un momento. ¡Qué agradable sorpresa!

– Fui a visitar cerca y me dieron ganas de pasar por aquí...

– Por lo poco que sé, no creo que haya sido por casualidad. Ruth me decía que cree que ya no va a trabajar en el Centro Espírita porque se cree indigna y yo estoy pensando que yo también.

– El Espiritismo no quiere personas perfectas, sino que quieran mejorar.

También creo que soy imperfecto, y si nos detenemos en los errores del pasado, podemos sentirnos indignos de trabajar por el bien. Pero no debemos olvidar la misericordia, la bondad de Dios, que nos da la oportunidad de corregir nuestros errores, de cambiar vicios por virtudes, de progresar, y para eso tenemos los próximos en ayudar, porque ayudar es que tenemos la gran oportunidad de aprender. Les recuerdo que Jesús no condenó a la mujer adúltera, sólo le pidió que no volviera a pecar. Magdalena, la mujer pecadora narrada en el Evangelio, se hizo discípula de Jesús y la amó mucho por lo mucho que se equivocó. Tenemos muchos ejemplos, basta con leer los Evangelios. Sabios, prudentes son los que reparan sus agravios con obra edificante. No debemos juzgarnos peor por los errores del pasado, y que estos sean lecciones para no cometer más errores y acertar en el presente. Tú, Ruth, eres una buena colaboradora. ¿Te sientes indigna? No lo creo, no lo creo. Piensa que si te equivocaste, tienes mucho que amar, el amor cancela los errores. Y usted, doña Ana, siempre será bienvenida en nuestra casa, no se prive de aprender.

– Gracias, señor Juan – expresó Ruth, emocionada –. Tienes razón, no sé por qué tuve estos pensamientos. Te haré un poco de café.

– ¡¿A mí?! ¡Increíble! – dijo Gilberto, riendo.

El visitante se quedó unos minutos más hablando y se fue.

– ¡Qué hombre tan amable! – exclamó Ana.

– Y sí, señora, muy amable – asintió Ruth –. Y tiene razón, no pensaré que soy más indigna y no perderé la oportunidad de seguir yendo al Centro Espírita a trabajar y aprender. Pero ahora lo haré con más amor y no juzgaré a la gente que se equivocó o se equivoca, porque la vida a veces nos pone en el lugar de la mujer que iba a ser lapidada; otros, con piedras en la mano, y luego no debemos olvidar que nos equivocamos y tirarlos al suelo. No debemos participar del error, sino amar a la persona equivocada y tratar de comprenderla. Gracias doña Ana por escucharme. Pagué caro mi error, si hubiera dejado nacer a mi hijo, sería un niño hermoso, tendría a quien amar, por compañía...

– ¡Madre! ¡Madre – Gritó Lívia, y Ruth dijo en voz baja:

– Llamándome mamá... – Ana abrazó a Lívia, que había cogido una hermosa guayaba y vino a traerla. Pensó:

– "A veces rechazamos los regalos. ¿Quieres mayor tesoro aquí en la Tierra, cuando estemos encarnados, que los niños?"

Gilberto estaba furioso:

– ¡Nada de lo que hago funciona! ¡Qué cosa! Estos espíritas parecen tener una salida para todo.

Ernesto vino a visitarlo.

– ¡Hola Gilberto! ¿Cómo estás?

– ¡No creo! ¿Estás preguntando cómo estoy? ¿Qué estás haciendo aquí? ¡Déjame solo! ¿Dejaste de ser un perro guardián?

– No – respondió Ernesto con calma –, sigo vigilando al señor Gustavo, solo vine aquí a verte. ¡Estás tan solo! Gilberto, he estado pensando mucho en lo que nos dijeron esos señores espíritas. Morimos, estamos vivos y seguimos estando equivocados.

Es fácil, Ernesto, ve allá y pide albergue. Estos buenos chicos siempre ayudan a los mendigos. ¿No quieres venir tú también? – preguntó Ernesto, esperanzado.

– ¡No! – respondió Gilberto, gruñón.

Entonces, ¡no iré!

¡Sería genial si te fueras! Últimamente solo me pasan cosas malas, por un momento pensé que ibas a dejar el puesto y dejarme el campo libre – dijo Gilberto.

– Al evitar que te vengues, te hago bien.

Te impido que hagas el mal porque, querido, siempre pagamos por el mal que hacemos.

– Tú, Ernesto, te ves raro. Aunque no tengo con quién hablar, no quiero seguir chateando contigo.

Se calló. Ernesto decidió ganarse la amistad de Gilberto. Pero no dejaría al señor Gustavo a su merced, ¡eso no!

Gilberto se quedaba mucho en un rincón de la finca y Zek, el perro, no se le acercaba. Hay animales que perciben la presencia de desencarnados; sin embargo, sin comprender de qué se trata. Y algo diferente a lo habitual. A Gilberto no le gustaba el perro, le tenía miedo. Su acercamiento no fue agradable para el cachorro. Y Zek estaba atento, deseando la compañía de Ana y las niñas.

En la clase del miércoles, Ana se presentó entusiasmada. Claudia leyó un texto que continuaba su estudio del capítulo 23 de *El Libro de los Médiums*, llamado "Sobre la obsesión." Después, empezaron a hablar de ello. Eva exclamó con tristeza:

– ¡Debo ser muy mala para haber estado obsesionada!

– No, doña Eva – explicó el señor Juan – todos tenemos defectos que deben ser reemplazados por virtudes. Todavía tenemos mucha necesidad de aprender, mejorar, todavía tenemos fallas. No es necesario ser malo para ser molestado por los desencarnados que quieren hacernos daño. Tampoco debemos pensar que todos los desencarnados que se obsesionan también son malos. Por supuesto, están los malos, pero muchos son como nosotros, esclavos de ilusiones materiales, orgullosos de no perdonar, o aquellos que aun no han podido comprender lo que es vivir siendo útil en el otro plano. Años de participar en este trabajo de orientación, entiendo que uno no cambia con la muerte del cuerpo físico: temerario encarnado, perturbado desencarnado. Es muy recomendable mejorar nuestras vibraciones con buenas actitudes, vivir dignamente, tener buenos pensamientos, cuidar nuestras palabras, orar; al hacerlo, los alborotadores del más allá no nos alcanzan. Cuando tratamos de hacer esto, estamos haciendo lo correcto, aprenderemos a tener un buen día, pero en el camino puedes tropezar, esto es natural, solo el que camina tropieza. Lo importante, aunque el tropiezo resulte en una caída, es levantarse y caminar. Las dificultades diarias nos hacen bajar la vibración, son preocupaciones económicas, problemas de enfermedad con nosotros o en la familia, tristeza, etc. Para mantener una buena vibración las veinticuatro horas del día se necesita entrenamiento, constancia, mucho esfuerzo, pero si muchos pueden hacerlo, todos podemos. No se menosprecie, doña Eva, debe tener cuidado con los tropiezos y sobreponerse lo antes posible. Pasamos por un período de transformación aquí en la Tierra y cada cambio parece complicado y difícil. Pienso que nosotros, los encarnados, estamos en un mar de vibraciones heterogéneas, que son como olas que nos golpean. Sintonizamos con algunas ondas, pero eso no impide que otras nos azoten. Y a veces no nos damos cuenta que dejamos uno para entrar en otro.

– Eso me dio un alivio, Sr. Juan. Pondré más atención, me vigilaré para estar de buen humor – dijo doña Eva, y todos sonrieron.

Ana quería entender qué le pasaba, tenía miedo de preguntar y su pregunta era primaria, pero se arriesgó:

– Señor Juan, yo nunca había visto almas perdidas, o sea, desencarnadas, nunca las había oído, hasta que un día yo también fui perturbado por una de ellas, llegué a verla, a oírla. ¿Tengo potencial de mediumnidad para trabajar con ella o fue solo un período? Desde que empecé a ir aquí no he sentido nada más.

– Todos tenemos sensibilidad, que puede aumentar ante algunos hechos. Yo creo, doña Ana, que usted no tiene potencial de mediumnidad para trabajar como médium. He sido testigo de esto mucho. Por diferentes motivos, muchas personas, durante un tiempo determinado, se vuelven más sensibles, pudiendo ver, o ver espíritus y luego volver a la normalidad. Esto ocurre mucho en los casos de venganza, cuando el desencarnado utiliza su voluntad para que el encarnado la sienta. También sé de espíritus que hacen que las personas recuerden partes de otras existencias para perturbarlas. Hay ciertos lugares con energías muy concentradas que pueden aumentar la sensibilidad y las personas que nunca han tenido ninguna percepción del plano espiritual llegan a ver o escuchar nada.

– Sr. Juan, soy médium. ¿Soy peor que los demás, o mejor? – Preguntó el Sr. Custodio.

– ¡Ni esto ni lo otro! – Respondió el interrogado –. No creo que sea correcto que muchos digan que son médiums porque son peores, porque cometieron muchos errores. Todos los que estamos encarnados en la Tierra cometimos errores, salvo unos pocos, ya lo hemos hecho y lo seguimos haciendo, unos más, otros menos. La mediumnidad es un factor orgánico, inherente a todos nosotros y que puede ser usado para bien o para mal, según nuestro libre albedrío. Hay gente que se prepara en la erraticidad, que es el período en que se vive en el plano espiritual, para dedicarse a la obra del bien; pensando que aprenderán mucho teniendo la mediumnidad, piden tenerla; otros piensan que arreglarán los errores. Desgraciadamente olvidan esto en el plano físico y algunos rechazan esta facultad, que puede ser leve o más pronunciada. Vanidosos son los médiums que se creen mejores que los demás. Todos estamos invitados a crecer espiritualmente y sabios sean aquellos médiums o no, que participen de esta oportunidad. Soy médium y llevo cuarenta años trabajando con mi educación, ya he luchado con la vanidad, y no crean que la he ganado; siempre he tenido cuidado que no salga fuerte y la tengo vigilada, pero también he tenido períodos en los que me creía inferior y eso no me servía de nada. Llegué a la conclusión que soy como todos los demás, ni peor ni mejor. Soy Juan, un hombre que trata de ser decente, trabajador, honesto, pero también aprovecho para aprender, ser útil, y doy gracias a Dios por la oportunidad y la mediumnidad, reparo errores y más, aprendo mucho. Soy feliz de ser médium, amo esta facultad y quiero aprovechar esta encarnación para dar grandes pasos y, cuanto más camino, más agradecido me siento y ni peor ni mejor.

La clase fue muy útil.

Gustavo, ese fin de semana, tomó con curiosidad *El Libro de los Espíritus* y comenzó a hojearlo, luego leyó con atención.

Ana, ¿puedo llevar este libro a leer? Lo estoy encontrando interesante. Aquí habla de Dios como creo que es el Padre Celestial.

– No es mío, Gustavo, lo tomé prestado de la biblioteca del Centro Espírita, pero todavía tengo una semana para devolverlo. ¡Tómalo! Gustavo, recién estoy empezando a leer los libros espíritas y creo que tú eres espírita y aun no lo sabes.

– ¿Como? – Él se rio –. Tienes actitudes espirituales.

– ¿Cristianas? – Preguntó Gustavo.

– Sí – respondió Ana –, el espírita, sobre todo, es cristiano.

El otro fin de semana llegó Gustavo y le dio un paquete a Ana.

Cariño, me gustó mucho este libro de Allan Kardec y compré los otros que encontré en una librería y también algunos de mensajes, novelas, todos espíritas.

Ana le dio las gracias, emocionada.

El lunes las niñas fueron al Centro Espírita con ella y Ruth. Vanessa estaba emocionada:

– Mamá, me gustó mucho, ¿puedo volver? ¿Puedo ir a la reunión de jóvenes y niños los domingos?

– ¡Claro que puedes!

– ¡También quiero ir! – Expresó Lívia.

– Mamá, he estado pensando en papá, todavía no ha renunciado a la venganza, ¿verdad?

Está perdiendo un tiempo precioso intentando hacernos daño – Vanessa suspiró.

– Escuché una pequeña historia interesante del señor Juan.

Les contó la historia del hombre que perdió el tiempo dañando a sus enemigos y no hizo nada por sí mismo.

– ¡Papá está actuando así! – Exclamó Vanesa –. ¡Qué pena! ¡Pensaré en una forma de ayudarlo!

– ¡No quiero saber de él! – Expresó Lívia –. Lo quiero lejos de nosotras. No tengo nada agradable que recordar de él. No le guardo rencor ni le deseo daño. ¡Solo lo quiero lejos!

Esa noche, Vanessa oró con fe, le pidió a Dios, a Jesús, si la quería, que ayudara a su padre, que la guiara para que pudiera hacerlo.

– ¡Entre nosotros, él es el más necesitado! ¡Qué bueno sería guiarlo, despertarlo para siempre!

Ella se quedó dormida. Anita la ayudó pero no se hizo visible. Vanessa se desprendió del cuerpo, quedó en periespíritu, estando unida al cuerpo físico por una cuerda también invisible, caminó tranquila y se dirigió al balcón, donde Gilberto estaba molesto.

– ¡Papá!

– ¡Vanessa!

Se acercó a él y se sentó a su lado.

– ¿Cómo estás? – Preguntó.

– No estoy bien. ¡Abandonado y triste! Mis hijas y mi esposa prefieren a este asesino – Lamentó Gilberto.

– Papi, yo te amo. ¡Soy tu hija! No prefiero a nadie. Ana encontró al señor Gustavo y los dos se aman. Él la trata bien. Lívia y yo solo tenemos a Mamá Ana y ella nos quiere como una verdadera madre, el señor Gustavo es bueno – habló Vanessa con dulzura.

– Estoy cansado de escuchar: "El señor Gustavo es bueno, es esto y aquello", ¡Y yo no! – Exclamó Gilberto, sentándose.

– Papá, la vida es hermosa y podemos usarla para aprender, para orar. ¿No estás cansado de no hacer nada?

- Nunca me gustó mucho trabajar, lo hacía cuando estaba encarnado porque no había otra manera. Pero esta pequeña vida aquí en la granja me ha cansado. Pero no tengo a dónde ir...

Vanessa lo miró a los ojos, continuó hablando en voz baja:

- Papá, quisiera verte feliz y creo que solo lo serás cuando tengas paz y dejes en paz a los demás.

- ¿Crees que no debería atormentar al asesino?

- Papá, trata de entender lo que realmente sucedió. Yo no juzgo a nadie, pero creo que el señor Gustavo no es un asesino. ¿Por qué estás tratando de engañarte a ti mismo? Culpas de tu imprudencia al otro. ¡Fue fatal!

- Vanessa, siento que eres sincera. ¿Por qué me amas?

- ¡Eres mi padre!

- Eso es un hecho - Dijo Gilberto.

- ¡Te amo porque, en el fondo, eres bueno!

- Nunca me gustaste...

- Ya puedes hacerlo - preguntó Vanessa -.

No tengo miedo. ¿Puedo abrazarte?

Ella lo abrazó y él lloró de la emoción.

- ¡Hija! ¡Hijita! ¿Tú me amas de verdad?

- Lo amo y quiero que esté bien. ¡Que seas feliz!

- ¿Te alegrará saber que estoy bien? - preguntó Gilberto.

- ¡Sí lo hará! ¡Eso es lo que quiero! - Dijo la chica con convicción.

- Lo sé... Debería estar feliz sabiendo que estás bien... Lo sé...Vanessa lo besó en la frente y se alejó.

Anita sonrió. La instruyó bien. La niña se despertó sintiéndose ligera y tranquila y comenzó a rezar mucho a su padre. Ana también empezó a hacerlo y Gilberto se inquietó, ya no estaba seguro si quería vengarse y no sabía qué hacer. Había tomado el libro que le había regalado Anita, leído algunos extractos, a veces orado con Vanessa y concluyó:

– Si nunca he ayudado a mis hijas, debo hacerlo ahora, dejándolas con Ana en la finca. ¡Bueno, no es un asesino!

El jueves, se puso atento y pensativo:

– ¡La gente del Centro Espírita ya no vino a buscarme! ¿Debería ir para allá?

Cuando se acercaba el inicio de la obra, empezó a caminar por la calle entre la finca y el Centro sin saber si ir o no.

– ¡Buenas noches, señor Gilberto! ¡Te invito a entrar! – Le dijo un trabajador del Centro, que solo esperaba esto, pero respondió:

– Me puedo ir, pero me voy cuando quiero!

Recibió orientación nuevamente, pero esta vez fue receptivo, escuchó atentamente y quería irse con ellos más lejos.

Nadie cambia de repente. Con la desencarnación, la persona no cambia inmediatamente. Vanessa aportó su actitud amorosa a su cambio. Gilberto tenía mucho que aprender para mejorar de verdad. Lo llevaron a un Puesto de Socorro, donde recibiría lecciones de su propia escuela evangélica y moral, además de un trabajo, una tarea. Para muchos el trabajo es una distracción, pero muy beneficioso. Cuando trabajamos, salimos de la ociosidad, que es cuna de muchos vicios, el trabajador no tiene tiempo que perder, y cuando con el trabajo hacemos el bien a los demás, se dignifica.

Ruth, al otro día, le contó a Ana ya las niñas lo que pasó en la reunión, que Gilberto había sido rescatado.

– ¡Gracias a Dios! – exclamó Ana –. Gilberto ahora dejará de sufrir.

– ¡Bien por nosotros, nos dejarás en paz! – Exclamó Lívia.

– ¡Bien por él! – Se alegró Vanessa –. No perderá más tiempo intentando hacernos daño. Rezaré para que se quede donde lo llevaron. Le enviaré mensajes de amor, de optimismo, por pensamientos. ¡Papá estará feliz!

Así lo hizo. Ana también comenzó a orar por él, deseando que estuviera bien.

Y Gilberto recibió las buenas vibras enviadas por ellas. A veces echaba de menos las borracheras, la ociosidad o incluso las ganas de hacerle daño a Gustavo. Pero recibía...

– ¡Papá, estoy orgullosa de ti! ¡Cuídate! Aprovecha para aprender, ver los hermosos lugares que hay. ¡Haz amigos! ¡Te amo! ¡Me alegra saber que estás bien! Quédate ahí, acepta lo que son los asesores...

– Gilberto –le decía Ana en oración–, cambia para mejor, te amo, te veo entre buena gente que te respeta, que te guía. Trabaja y siente la tranquilidad del lugar, no te desanimes...

Recibió la visita de Anita, quien lo animó:

– Gilberto, pronto te acostumbrarás aquí, sé útil, es tan bueno ser autosuficiente.

Puedes, debes intentarlo y lo harás.

– Lívia se olvidó de mí – se quejó –. No obtengo nada de ella. Pero te entiendo, solo quería que me perdonara y me aceptara...

– La vida nos ofrece estas oportunidades... – lo animó Anita.

Ella lo llevó un par de veces a ver a los chicos. Rodrigo y Marcelo eran felices en la escuela de una Colonia. Anita le explicó a Gilberto:

- Pronto reencarnarán en la ciudad donde vivieron, serán niños sanos en hogares honestos.

- Se merecen buenos padres, lo que yo no fui para ellos - dijo Gilberto, sintiéndose mal.

En ese momento, Anita hizo un intercambio para advertir a Ana, que en ese momento estaba arrepentida, tendrían otros padres, otra madre... Pero entendió que la vida continúa y el amor debe expandirse; una vez amado, siempre amado. Y los afectos se reencuentran...

Ana, en la primera oportunidad, en la clase de los miércoles, agradeció:

- Vine aquí desesperada en busca de ayuda porque me estaba molestando un desencarnado. Fuimos guiados y ayudados. Quería agradecerles y seguir asistiendo a las reuniones, me gustan mucho aquí, todos, ¡quiero aprender!

- Hasta que fue fácil - dijo Eva -. Tu ex pareja terminó de entender, hay casos mucho más difíciles. Muchos desencarnados se juntan con otros malos para vengarse.

- ¡Así es! - Exclamó Ana, curiosa. El señor Juan explicó:

- Muchos desencarnados, queriendo vengarse, se unen a otros. En el Umbral hay grupos de vengadores, incluso hay lugares llamados escuelas para enseñar a los imprudentes a vengarse. Estos, en su afán de hacer daño, se involucran en situaciones y en ocasiones incluso se convierten en esclavos del grupo, tienen que obedecer so pena de ser castigados, y no se deshacen de ellos fácilmente. En el Umbral, no se hacen favores sin intercambios.

- Menos mal que Gilberto no se sumó a estos desencarnados - expresó Ana -. Pero si lo hubiera hecho, ¿qué pasaría?

- ¡Tendríamos más trabajo! - el señor Juan habló con calma.

Ya nos hemos enfrentado muchas veces con vengadores desencarnados que creemos que son justificadamente y guiamos a muchos. Otros, al no querer confrontarnos, se dan por vencidos. Muchos perseverantes persiguen sin descanso, y solo obtenemos resultados con fuerza moral, paciencia, y durante el período en que tratamos de guiarlos recibimos las vibraciones opuestas. Como dice Emanuel: "El náufrago no puede ser rescatado sin ser azotado por las olas." Cuando logramos ayudarlos, nos invade una alegría inmensa. Y guiando a otros, encarnados y desencarnados, que solidifiquemos lo aprendido.

– Señor Juan, Alaíde ya no quiere asistir a nuestro Centro Espírita. Dijo que no está de acuerdo con algunos espíritas. Creo que estaba disgustada por ese desacuerdo sobre el bienestar. ¡Es una pena! – Isabel habló.

– Cuando nos reunimos para hacer algo, debemos entender que somos diferentes y que, en el grupo, puede haber opiniones diferentes. Y para vivir bien con el otro, es necesario ser tolerante para ser tolerado, comprender para ser comprendido. Y no asistir a un lugar como institución religiosa por este motivo es casi siempre una excusa para uno mismo, que no se tiene en cuenta en la espiritualidad. Para vivir bien en sociedad tenemos que aprender a ceder, comprender y no ofendernos. No hubo intención de ofender y los que se ofenden fácilmente son orgullosos. Entonces, una institución como la nuestra no es de nadie, es de todos. Todo pasa y la enseñanza religiosa permanece.

Las clases fueron muy interesantes, a Ana le gustó mucho y se convirtió en una espírita convencida; comenzó, con determinación, a estudiar la Doctrina.

10.–
MI QUERIDA

Gustavo se quedó cada vez más en la finca. Los hijos, Paulo Sérgio y Áurea, se casaron y trabajaban en la fábrica más grande. Lívia y Vanessa estaban creciendo, ya eran niñas, seguían estudiando y no se preocupaban. Ana estaba orgullosa de ellas.

Un día, Gustavo le dijo a Ana:

– Cariño, definitivamente voy a vivir aquí. Ni siquiera me quedo con Lorena para mantener las apariencias. Hablé con ella, terminamos discutiendo.

– Debe odiarme – expresó Ana.

– Lorena odia a muchos. No te mentí cariño, llevamos mucho tiempo separados, no vamos a legalizar un divorcio no lo solucionaría. Pero tenemos que compartir nuestros bienes. Le dejaré todo lo que tenemos en la otra ciudad a ella, a Paulo Sérgio y a Áurea. Lo que tengo aquí será para Junior, que tendrá que venir a trabajar conmigo.

– ¿Junior no se verá perjudicado? – preguntó Ana.

– Mi hijo menor es parecido a mí, no solo físicamente sino también en genio, forma de actuar y pensar. Los reuniré y les comunicaré. La parte de Lorena será para los dos hijos mayores y la parte de aquí, que me preocupa, para Junior. Hablaré con él, él entenderá. Paulo Sérgio trabaja conmigo desde hace mucho tiempo, Áurea está indecisa, pero es hora que ella tome el cargo. Lorena me echa la culpa por estar contigo y dice que le dan vergüenza los comentarios. No quiero humillarte. La separación legal sería costosa y me impediría hacer lo que quiero. Renunciaré a mucho, me quedaré en esta división con mucho menos. Pero no me importa. Para todos estaremos separados y mi esposa eres tú.

– Tus hijos no deben gustar de mí – expresó Ana.

– Los dos mayores son muy parecidos a su madre, piensan que eres una cazafortunas. A Junior le gustarás cuando te conozca. Él vendrá aquí. Aprenderá de mí y tendrá esta fábrica para él solo. Un día me lo agradecerá, heredará menos dinero, pero tendrá la tranquilidad de no tener socios. Seguramente tendré que ayudarlos muchas veces, lo haré con gusto, ellos lo saben. Tengo algo de dinero ahorrado, compraré una linda casa para cada una de las niñas, transferiré esta finca a tu nombre y dos casas más. No quiero dejarte indefensa si desencarno primero.

– Dijiste desencarnar, Gustavo – se rio Ana.

– Creo que el término es correcto. Voy a empezar a ir contigo al Centro Espírita.

– Gustavo, no quiero nada de ti, ¡me has dado tanto!

– Ya lo tengo decidido Ana, eso es lo que voy a hacer.

– Gustavo, no quiero nada a mi nombre, no soy la madre de las niñas. Si desencarno, ¿podrán ellos heredar lo que es mío?

– Lo he pensado. Lo pondré en su nombre con tu disfrute. Será tuyo hasta que mueras. Si desencarno primero, te quedarás en esta finca que tanto quiere – dijo.

A-N-A. No quiero ser un cautivo de un lugar, algún día tendré que irme de esta granja. Recuerdos que guardo en mi corazón. Aquí tuve paz, ¿o fuiste tú, querida, quien me dio esta paz? – Dijo riendo.

Cuando Gustavo fue a la reunión, Ana rezó para que todo saliera bien. Volvió a bajar.

- Fue difícil, Ana. Discutimos durante horas. Solo tenía una parte de esta fábrica, con Júnior como socio. Mis hijos son egoístas. Me dolió cuando terminó la reunión, Junior se acercó a mí y me preguntó: "Papi, ¿por qué me lastimaste?" Le respondí: "Te amo, hijo, luego comprenderás que te estoy protegiendo. No todo en la vida es dinero. ¿No has escuchado tantas quejas aquí? ¡Te sacaré de esto!" Me miró y se alejó sin decir nada más. Le pedí a Dios que me entendiera. Junior vendrá aquí, no quiere venir a la finca, se quedará en el hotel, le compraré una casa grande, se casará pronto, vivirá en esta ciudad. Haré todo lo posible para que esta fábrica crezca y prospere.

- Él lo entenderá, no te preocupes - dijo Ana animándolo.

Lorena, Paulo Sérgio y Áurea eventualmente llegarán a un entendimiento. Junior sufriría con ellos, se vería perjudicado; conmigo no. Ana soy libre hasta de las apariencias, ahora estoy realmente separado. Lástima que no puedo casarme contigo.

¡A mí no me importa! - Expresó ella

- Somos compañeros, Ana, casados por cariño.

Junior vino a la ciudad, se quedó en el hotel, viajó los fines de semana para ver a su novia. Un día, después del trabajo, llegó a la finca con su padre; los dos llegaron hablando, emocionados. Ana fue a recibirlos; tímidamente le sonrió a él, que miraba la casa.

- ¡¿Usted vive aquí?!

- Sí y me gusta ¿Qué esperabas, un lujo frío como la otra casa? - Contestó Gustavo.

- No, es que... - Tartamudeó Junior.

- Mi hijo - presentó Gustavo - esta es mi compañera, la mujer que comparte conmigo esta casa.

- ¡Buenas noches!

Junior la miró y Ana se puso roja.

- La cena está lista. ¿Cenas con nosotros, Junior?

- Si no es molestia...

Se quedó a cenar, conoció a las chicas y terminó poniéndose cómodo. Junior pensó que la mujer que vivía con su padre era ambiciosa, encontró extraña la casa simple y ella también. Se dio cuenta que los dos se entendían y que ella hacía feliz a su padre. Empezó a frecuentar la granja y pronto se convirtió en su amigo. Los invitó a su boda, pero Ana optó por no ir, no es que quisiera ser motivo de comentario o disgusto para Lorena.

Luciana, la esposa de Júnior, era una joven muy linda y simpática. Se hizo amiga de Ana y las niñas y venían a almorzar todos los domingos a la finca. Vivían en una casa grande y hermosa. Junior comenzó a interesarse por el trabajo, preparándose para administrar la fábrica.

Muchas veces Gustavo tenía que acudir a los otros hijos para resolver problemas y fricciones. Paulo Sérgio se quejó del desinterés de Áurea, quien a su vez se quejó de su hermano, que quería que ella trabajara, y ambos criticaron a su madre, que gastaba demasiado. Y las mayores dificultades de la fábrica las resolvió Gustavo.

Se juntaron en la finca para almorzar un domingo lluvioso cuando Gustavo había vuelto el día anterior, había salido para tratar de resolver otra pelea. Él se quejó:

- Junior, tu madre quiere volver a Europa. Paulo Sérgio no quiere darle dinero. Estamos atravesando un período en el que debemos ser cautelosos con el gasto. Lorena no quiere saber, quiere viajar.

- ¿Qué hiciste? - Preguntó Júnior.

Hice un nuevo contrato y después que los tres firmaron, lo registré. Ahora solo puede haber retiros de fábrica dos veces al año y una cantidad determinada e igual para los tres. Y los que trabajan tienen un salario, esto obligará a Áurea a producir. Tu madre me maldijo, dijo que vendería productos, y cuando le dije que no podía, casi me pega. Paulo Sérgio tuvo que interferir. Anticipándome a esto, porque Lorena siempre gastaba mucho, grabé todo y lo hice bien. Ni yo ni ella podemos vender nada; de hecho, ya no lo poseemos, es todo suyo. Lorena ya no viajará más y para ahorrar gastos se mudará a un departamento, dejando la casa para que Paulo Sérgio viva con su familia.

– Hiciste lo correcto, Sr. Gustavo – dijo Luciana –. Conociendo a sus hijos, Junior sufriría mucho con todo este lío. Paulo Sérgio es ambicioso, nadie le quitará la presidencia y si puede, lo tendrá todo.

Disculpe, son sus hijos. ¡Doy gracias al señor por lo que hizo, aquí estamos bien!

– Luciana siempre me ha advertido sobre esto y parece que ustedes dos tenían razón – dijo Júnior.

Gustavo miró con cariño a su hijo y comentó:

– Paulo Sérgio y Áurea empiezan a entender que yo no fui el mayor culpable que el matrimonio con su madre no funcionara. Ahora sienten más sus ensoñaciones.

– Es que ahora les duele en el bolsillo – dijo Luciana. Espero que se entiendan y que no tengas que entrometerte tanto.

Habría una fiesta en la fábrica por sus treinta años de existencia, que se celebraría con gran alegría. Gustavo y Júnior prepararon todo. La fiesta comenzaría por la tarde y todos los familiares de los empleados estaban invitados.

– Ana – dijo Gustavo – irás conmigo, quiero que hagas un hermoso vestido para ti y las niñas.

Llegó el día esperado y Ana se preparó.

– ¡Es hermoso, cariño! – Él exclamó.

La fiesta se llevó a cabo en un galpón, había mesas esparcidas por todo el lugar, el cual estaba decorado con banderas; había comida y bebida disponible. Los niños gritaban felices, todos estaban felices. Gustavo llevó a Ana del brazo a una mesa al frente, se sentaron uno al lado del otro. Feliz, saludó a los invitados, ella se sintió protegida a su lado y sonrió a todos.

En medio de la fiesta, un empleado pidió silencio y todos callaron. Hizo un breve discurso sobre el motivo de la fiesta, la importancia de la fábrica en la vida de todos y finalizó:

– Sr. Gustavo, nuestro presidente, nos podría complacer con unas palabras.

Eso no estaba en el programa. Gustavo se levantó sonriendo y dijo:

– No soy de los que discurren; sin embargo, si mi querido empleado me dio la palabra, no debo perder la oportunidad de decir que hoy estoy muy feliz de estar cumpliendo un sueño: que esta fábrica sea activa y productiva, el trabajo dignifica al hombre, aquí trabajamos juntos, son compañeros que pretendemos ser útiles y mejorar cada vez más. Un lugar de trabajo honesto es bendecido por Dios y le pido protección para todos nosotros.

– ¡Vamos a brindar! ¡Nuestra fábrica, nuestra unión, amistad! Y creo que cada uno tiene algo particular para dedicar este brindis. Pido su permiso para hacer el mío en voz alta –. Con el vaso en la mano, se volvió hacia Ana.

– A mi pareja, la persona que me ha dado alegría, apoyo y cariño, Ana, mi mujer...

Ana se levantó sin saber qué hacer, tomó su vaso, se cruzó de brazos, temblaba de emoción, y él dijo en voz baja, antes de llevarse el vaso a los labios.

– Yo te amo...

Aplausos y todos brindaron. La fiesta continuó animada. Ana le dijo:

– Gustavo, me emocionaste, te lo agradezco.

– ¿Por qué me agradeces? Es verdad, querida, me diste ganas de vivir.

Pensó, conmovida:

– "Gustavo es tan bueno, tal vez no lo merezco, nunca pensé que haría eso frente a todos. ¿Cómo no voy a estar agradecida? – lo miró, sonrió feliz. Él gusta de mí."

Las chicas, que ahora eran señoritas, estaban radiantes. Vanessa incluso lloró con el homenaje. Y la fiesta fue un éxito.

Al otro día, Lívia y Vanessa hablaron con su madre sobre los hechos.

La mayor habló alegremente:

– Mamá, ¿sabes lo que escuché? Que el señor Gustavo, antes de conocerte, tuvo unas amantes, salía con mujeres y que después nadie lo vio ni mirar a otra.

– Yo también he escuchado comentarios así – dijo Vanessa –. ¡Estoy tan feliz! Bendecido día que nos vio el señor Gustavo.

– Sí – exclamó la madre – ¡bendito día!

Ana comenzó a pensar:

– "Ayer casi le digo que yo también lo amo. ¿Por qué no puedo? Siento que si me confieso, él se irá. ¡Qué raro! Tengo miedo de hablar, un miedo extraño, como si cuando lo diga, lo perderé."

Gustavo y Ana rara vez salían, ella esperaba que llegara a casa, siempre tranquila, sonriente, tratando de adivinar lo que su compañero quería y haciendo todo lo posible para complacerlo, y él respondía, era hogareño, educado. Cuando salían, él tenía la satisfacción de complacerla aun más con los demás, y si a alguien se la presentaba era como esposa.

Ana siempre pensaba en sus hermanos, sus amigos de la ciudad donde nació, los extrañaba. Le comentó esto a Gustavo.

Ana, si sabes la dirección de tus hermanos, ¿por qué no les escribes?

Ella lo hizo y recibió una respuesta. Carlos, su hermano, respondió que estaban felices de saber que ella estaba bien, que también la extrañaban, pero lamentaba que la vida fuera difícil para todos, poco dinero, etc.

Leyó y releyó la carta muchas veces. Comentó con Gustavo:

– Creo que están en dificultades financieras. Tengo dinero ahorrado, que siempre me diste. Quería ir allí para verlos y, si era posible, ayudarlos.

– Ana, no querían saber de ti cuando lo necesitabas –. Gustavo habló sin pensar.

Al darse cuenta de eso, sonrió:

– Tienes razón, querida, deberíamos ir allí.

– ¿Irías conmigo? Viajas tanto...

– Iré contigo – decidió Gustavo –. Me organizaré para tomarme unos días libres, si las chicas quieren, pueden ir con nosotros. Vamos en coche.

– Gustavo, tengo dos amigos que quiero visitar y ayudar, así como pagar algunas deudas que hizo Gilberto.

– Muy justo. Si tu dinero no alcanza, te daré más.

– ¡Gracias Gustavo!

Las chicas no quisieron ir.

– No quiero faltar a clases – dijo Lívia –. Además, no tengo a nadie a quien revisar. Y todavía le tengo miedo a mi tía. ¿Puede ella alejarnos de ti?

– ¡Nunca! – exclamó Ana –. ¡Déjala intentarlo!

– Mami, yo tampoco quiero ir – expresó Vanessa –. Tú tienes hermanos, sobrinos, yo no, ni me acuerdo de mis amigos.

En el día señalado, los dos emprendieron un viaje. Era cansador, estaba en otro estado, era lejano y pararon a descansar. Ana estaba ansiosa. Cuando llegaron, comenzó a observar todo. La ciudad era diferente. Le comentó, y Gustavo respondió:

– Claro, querida, el tiempo pasa, cambiando todo.

Se quedaron en un hotel y Ana quería ir a casa de su hermana porque pensaba que la encontraría en casa.

– ¡A–N–A! – Maisa se sobresaltó –. ¡Entra! Se abrazaron. Entraron y Gustavo se presentó:

– Soy el marido de Ana, Gustavo. ¡Mucho gusto!

Se sentaron y guardaron silencio. Ana dijo:

– ¿Cómo están todos?

Maisa dio noticias de la familia, escuchó atentamente. Llegó un sobrino.

– ¡Tía Ana! ¡Qué sorpresa!

– ¡Rogerio! ¡Cómo has crecido! ¡Estás lindo! – exclamó Ana, abrazándolo.

– Tía, ¿el coche afuera es tuyo? – Preguntó el sobrino. Ana iba a contestar, pero Gustavo se adelantó.

– ¡Es nuestro! ¿Cómo estás, jovencito?

Hablaron durante unos minutos. Por la ropa, el auto, pronto se dieron cuenta que Ana lo había hecho bien.

El sobrino amablemente invitó:

– Tía, voy a juntar a toda la familia esta noche en la casa del tío Carlos, que es más grande, para que veas a todos y matemos la añoranza que te teníamos.

– ¡Agradezco! Bueno, vamos, estamos cansados. A las ocho, ¿de acuerdo?

Fueron a descansar, en la noche volvió a ver a todos, se abrazaron, quería saber la noticia, hablaron mucho y se fueron tarde.

Se concertó una nueva reunión para la noche siguiente. Regresaron al hotel. Ana guardó silencio, él respetó su silencio. El otro día, temprano, preguntó:

– Llévame donde viví, quiero ver amigos.

Fueron a ver de nuevo el barrio, las casas pobres la conmovían.

Y aquí viví, luego allí. Antonia vivía en esta casa. Vamos allá.

Llamó a la puerta y una chica le abrió. Ana la reconoció.

– ¡Renata! ¿No eres la hija de Antonia? Que bueno verte. ¿Cómo está tu madre?

– ¿Eres Ana? ¿Amiga de mamá? ¿No quieres entrar? Mamá murió... Ha pasado un tiempo.

– Lo siento... – se lamentó Ana –. Regreso más tarde. ¿Conoces a Délia?

– Aun vive en la misma casa – respondió la niña.

Ana fue allí. Délia al verla gritó de alegría y salió a buscarla. Se abrazaron con emoción.

– ¡Dios, qué atuendo tan elegante!

Hablaban animadamente, Délia estaba como siempre, sus hijos eran grandes y había muchos problemas.

Ana – dijo – incluso pensé que estabas muerta. Nos enteramos del accidente, la policía persiguió a Gilberto, no entendemos muy bien qué pasó.

– Gilberto y los niños murieron en el accidente, yo me quedé con las niñas, son nuestras hijas y...

Contó lo sucedido, omitiendo que era Gustavo quien conducía el otro auto.

– Délia, dime, ¿a quién le debe Gilberto? – Ella habló y completó la declaración.

El auto que compró Gilberto y pagó solo la entrada fue robado. Pagaré a nuestros antiguos vecinos y luego volveré aquí. Se fue con Gustavo, que estaba callado, la acompañó, protegiéndola. Ana fue a la casa de todos los que mencionó Délia y pagó las deudas. Calculó lo que compraría en ese momento con el dinero y agregó un poco más. No era mucho, nadie por allí lo tenía prestado. El asombro fue total.

– ¡Señora Ana! ¿No moriste? ¿Pagar la deuda?

Pero estaban felices. El ex dueño del bar donde trabajaba, ahora jubilado, estaba ahí hablando, se sorprendió, pero recibió el dinero y preguntó:

– Doña Ana, yo siempre quise saber, ¿fue usted o Gilberto quien me golpeó?

– Fue él... Bueno, lo que importa es que no le debemos nada más y se lo agradezco...

– Este dinero te hará más abundante ahora que si lo hubieras recibido entonces. Mi mujer está enferma, es la cantidad justa para los exámenes. Gracias, señora Ana. Es digno de ti pagar las deudas del difunto.

Regresaron a la casa de los niños de Antonia.

- Renata, se lo debía a tu madre y quiero dejarte este dinero a ti. Por favor comparte con tus hermanos.

- ¡Es mucho! Después no recuerdo que usted le haya debido a mamá, siempre comentaba que Gilberto no pedía nada de nosotros - dijo la niña.

- La deuda de amistad no tiene precio. Por favor...

Renata lo tomó, Ana se despidió y volvió a casa de Délia, que los esperaba con una taza de café.

- Délia, mi amiga, yo les pagué todo por aquí, solo no pagué las deudas con los amigos de Gilberto que eran bandidos.

- ¿Por qué hiciste eso? - Preguntó Délia.

- Primero, porque puedo; segundo, para Gilberto, se sentirá bien al saber que pagué sus deudas con las personas honestas a las que engañó. Aquí hay algo que quiero darte. No lo abras, déjalo para después que me vaya.

- ¿Qué es? - preguntó Délia.

- Un regalo para una amiga que me ayudó cuando lo necesitaba - dijo Ana, cariñosamente.

- Tú también me ayudaste.

- Quiero darte un regalo - Se abrazaron a modo de despedida.

- ¿Vas a regresar? - Quiso saber Délia.

- No, Délia, me iré esta vez para siempre. ¡Cuídate! - Respondió Ana, emocionada.

Subieron al auto.

Vamos al hotel, Gustavo. En la habitación, Ana le dijo:

- Vamos. Extraño la granja, quiero estar en nuestra casa.

– Ana, diste todo tu dinero...

– Lo siento si les di el dinero sin consultarte.

– Cariño, no tienes que disculparte, el dinero era tuyo. Solo quería entender, pensé en dárselo a los miembros de su familia. Tenemos una cita esta noche...

– Gustavo, cuando Carlos me escribió, dijo que estaban pasando por dificultades. Aquí entendí que no era cierto. Todos están bien, no ricos como tú, pero nadie necesita ayuda. Mintieron, ¿y sabes por qué? Miedo que les pidiera dinero. Nos trataron bien porque sabían que nos alojábamos en el mejor hotel de la ciudad, por el coche que tienes, por la ropa que llevamos. Escuché que preguntaste qué hace lo que tienes. Vine dispuesta a ayudar, pero no tienes por qué hacerlo. En ese barrio viví años, sentí que debía saldar las deudas que hizo Gilberto engañando a la gente que tiene poco, que prestaba para ayudar. Antonia fue mi gran amiga, falleció, estará feliz por lo que le di a sus hijos. Y ese dinero ayudará a Délia.

– Querida, no estés triste, debemos tener a nuestros familiares, a las personas que amamos. ¡Las chicas no son nuestros parientes consanguíneos y las queremos mucho!

– ¿Por qué me llamas cariño?

– Cariño es algo muy apreciable, estimado individuo. Eso es lo que siento por ti.

– Y cuando digo mía, no es por posesión, es mi cariño. Si quieres, vamos. Pero, ¿qué hay de la cita de esta noche?

– Escríbeme una tarjeta de disculpa y pídele al conserje del hotel que la entregue pronto.

Gustavo escribió y media hora después se fueron. Ana miró por última vez a la ciudad que la vio nacer, recordó a sus hijos, la nostalgia le oprimió el pecho, quiso llorar, pero no lo hizo. "¡Cómo me cambió la vida cuando me fui de aquí! Si no me hubiera ido,

¿cómo hubiera sido? Tal vez hubiera estado con los dos, pero no hubiera conocido a Gustavo. ¿No te has aventurado a salir con Gilberto? ¿Si? ¿Si?

Recordaba con detalle los rostros de sus hijos, parecían sonreírle. El amor continuó. No quería que se diera cuenta, su compañero lamentaba estar involucrado, aunque él no tenía la culpa de su desencarnación. La otra vez que salió de allí fue con miedo e incertidumbre; ahora era diferente, a su lado tenía seguridad.

Ese hombre amable, que hacía todo por ella, sonrió, quiso decirle que lo amaba, pero no pudo. Respetó su silencio, comprendiéndola.

Ana estaba feliz cuando llegó a la finca.

– ¡Ya no viajo! ¡Qué rico es nuestro hogar!

Sonrió y respiró aliviado, asintió. Las chicas querían saber por qué regresaron tan rápido.

Hice lo que quise durante mucho tiempo, los revisé todos y entendí que mi familia está aquí. Gilberto, que venía a visitarlos de vez en cuando, cuando se enteraba de lo que Ana hizo, se arrodilló y pidió: "¡Perdón Ana! ¡Perdón!" Y su llamado fue tan fuerte que ella, sin entender muy bien por qué, respondió en su mente: "¡Te perdono, Gilberto, te perdono!" Y lloró de alivio y gratitud.

Para mayor comodidad, Gustavo instaló un teléfono en la finca, siempre lo necesitaba para su negocio. Lívia tenía algunos novios y se alistó con Cláudio, un tipo bueno y educado. Al principio, Ana estaba preocupada, su familia podría objetar, pero todo salió bien. Planeaban casarse. Gustavo dijo:

– Lívia, voy a reformar la casa que te regaló tu madre, será mi regalo de bodas.

– ¡Gracias señor Gustavo!

Los tres se reunieron.

- No veo ninguna razón para decirle a Cláudio que no soy su hija - dijo Lívia.

- Hermana - expresó Vanessa - no es correcto ocultarle este hecho a tu futuro esposo.

- Prometimos no decírselo a nadie - dijo Lívia.

- ¿Tienes miedo? ¿Por qué? - Preguntó Ana.

- Eres tratada como la esposa del Sr. Gustavo. Quizás por eso la familia de Claudio me aceptó.

¡Lo amo y no quiero perderlo!

- Hija - suspiró Ana, abrazándola - tu hermana tiene razón. Si Claudio cambia cuando se entere de la verdad es porque no te merece. Solo dile que su familia no necesita saberlo.

- Te casarás en el registro civil, tendrás que aceptar los documentos, no puedes ocultarlo.

- Le voy a preguntar al señor Gustavo cómo se hace todo esto.

Gustavo revisó los documentos, se sorprendió y llegó a casa con la noticia.

- No sabes lo que hizo Gilberto. Debió engañar al registro civil, hizo el acta de defunción a su nombre y dejó viva a Anita. Tú, Ana, tienes los documentos de la madre de las niñas. Cuando pasé por la finca y las casas a su nombre, la M estaba abreviada, no me fijé si la M era de María o de Machado. Si quieres legalizarlo, tendremos que contratar a un buen abogado, será un proceso largo, tendremos que ir muchas veces a ambas ciudades, tener testigos, y con Gilberto muerto es más difícil. Dejémoslo como está.

- Da igual - dijo Ana, divertida.

- ¿Por qué papá haría esto? - Preguntó Lívia.

– Se demoró mucho en legalizar estos papeles – recordó Ana –. Dijo en ese momento que no tenía dinero y cuando lo tuvo debió preferir seguir casado o porque en su trabajo no podía estar soltero. Debe haberlo encontrado más fácil.

– Bueno, olvidémoslo entonces. Lívia puede casarse sin miedo. Su madre, incluso en el papel, es Ana.

Zek murió de vejez. Todos estaban entristecidos. Lívia y Vanessa lo enterraron en el jardín. Ana lo extrañaba, siempre estaba con el perro, que la acompañaba por toda la finca. Era un animal querido. Lívia, presionada por Vanessa, le dijo a su prometido lo que le había prometido no contarle a nadie.

Claudio comentó:

– ¡Qué mujer tan fabulosa es doña Ana!

La boda estaba programada y Lívia quería pedirle algo a Gustavo y no sabía cómo, él se dio cuenta y preguntó:

– ¿Qué pasa chica?

– Es solo que... – Se avergonzó a sí misma.

– Señor Gustavo, ella quiere preguntarle algo y está avergonzada – interfirió Vanessa.

Él sonrió y la miró con cariño.

– Quería que vinieras conmigo a la iglesia. Le debo tanto, eres como un padre para mí, el único que he tenido, no sé si aceptarás... – preguntó Lívia.

– ¡Será un gusto! Entraré en la iglesia contigo con gran orgullo. Gracias por compararme con un padre – se conmovió.

Y organizó una gran fiesta, la recepción sería en la finca. La boda estuvo hermosa, Lívia estuvo maravillosa, Gustavo entró a la iglesia con ella. La fiesta fue un éxito y Ana estaba muy contenta.

Anita y Gilberto observaron, ella comentó:

– Pronto, Gilberto, volverás al plano físico teniendo a nuestra hija como madre.

La fiesta terminó, todo transcurrió sin problemas. Gustavo y Ana se quedaron un rato en el balcón, comentando los hechos. Anita y Gilberto se acercaron a ellos. Gustavo dijo:

– Ana, no sé por qué, pero creo que Gilberto y Anita vinieron para asistir a la boda de Lívia, me siento feliz.

– ¡Era todo tan hermoso! ¡Gracias querido!

– ¡Gracias señor Gustavo!

– ¡Dios te bendiga!

Los padres biológicos de Lívia lloraron de emoción. Y la compañera de Ana sintió paz, recibió las vibraciones de la gratitud y también que la gratitud de un viejo descontento era sincera. ¡Y qué bueno es!

11.– VANESSA

Vanessa siempre había sido un encanto, estudiosa, aplicada, delicada, cariñosa. Era maestra, quería ser maestra, era su sueño. Tenía muchos amigos a los que siempre ayudaba. Frecuentemente asistía al Centro Espírita, formaba parte de la juventud y de un curso de evangelización de niños. Cuando cumplió dieciséis años, Gustavo le regaló un hermoso caballo pura sangre y ella lo llamó Astro; los dos se entendían. Ella lo trató con amabilidad y Astro fue obediente. Fue un día difícil en el que no salieron a caminar por el barrio.

Vanessa se interesó por un joven, Vinícius, alto, fuerte, moreno, unos cuatro años mayor que ella. No le prestaba atención, era coqueto, tenía muchas chicas detrás de él. Pero la hija de Anita no era de las que se rendían fácilmente; pensó, pensó y decidió luchar, lo deseaba, creía estar enamorada. Empezó a ir hacia donde estaba él, a mirarlo, y todos se dieron cuenta. Sus amigos incluso intentaron aconsejarla.

– Vanessa, Vinícius es coqueto, mayor, sale con las chicas más lindas de la ciudad.

– No insistas – dijo otro – ni siquiera se da cuenta que existes.

– ¡Creo que tengo que luchar por lo que quiero! – Ella habló, convencida.

Había un club en la ciudad donde los chicos iban mucho, Gustavo era socio y Vanessa siempre estaba allí con amigos. Una tarde, al verlo solo en el bar del club, se acercó.

– Hola, hace calor hoy, ¿no?

– Sí... – Respondió él, mirándola.

– ¿Está solo? – preguntó Vanessa, sabiendo que era una pregunta tonta, pero no sabía qué decir.

– ¡Es obvio! Vanessa, eres una niña y no me gustan las niñas, prefiero las mujeres adultas. No estoy de humor para citas serias y no quiero complicaciones con el Sr. Gustavo. Entonces, niña, quítate de encima. ¿De acuerdo?

Él se fue y ella se quedó allí, como si se hubiera sorprendido. Respiró hondo, miró a su alrededor y sintió alivio, no había nadie alrededor. Ofendida y dispuesta a llorar, fue al baño y luego salió a decirles a sus amigas que se iba. Regresó a casa abatida, adolorida, enamorada de él, o mejor dicho, creía estar enamorada. Fue solo encerrada en su habitación que lloró hasta quedarse dormida. Ella se respetaba a sí misma y decidió no hacer nada más para ganárselo, ni siquiera volvería a mirarlo. Pero, subrepticiamente, ella lo estaba mirando. Vinícius siempre se reía con las chicas, tenía muchos amigos.

Doce días después que esto sucediera, un domingo por la tarde, sus amigas fueron al club. Como el almuerzo familiar iba a llegar tarde, Vanessa quedó en reunirse con ellos allí. Llegó y sus amigos no estaban en el lugar acordado. Al escuchar voces en la sala de juegos, fue allí. Vinícius encontró tres amigos más y habló en voz alta a sus compañeros.

– ¡Aquí viene el palo! Esta chica no cojea, siempre está detrás de mí. ¿No se da cuenta que no la quiero que la considero fea y poco atractiva?

¿Qué es, niña? ¿Buscándome?

Vanessa no respondió, por un momento se quedó quieta, dio la espalda y hasta escuchó el comentario de uno de los buenos:

- Vinícius, ¿por qué la tratas así? No eres grosero. Nunca te he visto tratar a alguien así.

-. Bueno, ella me pone nervioso...

Ella se fue. De camino a la granja, las lágrimas corrían por su rostro. Cuando llegó, se las secó, no quería que nadie se diera cuenta ni supiera, lo disimuló, quería llorar, desahogarse, pero no había manera. Todos, al verla, querían saber por qué había regresado temprano, y ella dijo:

- Mis amigos deben haberse ido a otro lado, no estaban en el club. Voy a dar un paseo con Astro.

Cabalgando, pudo llorar, fue humillada, herida; la encontraba fea, poco atractiva, y eso le dolía, más aun porque se lo había dicho a otros. Ese mismo día todos sus amigos la conocerían y se reirían de ella.

Lívia y ella tenían muchas amigas, pero sabían que existían los prejuicios. Su madre no estaba casada, aunque el señor Gustavo la trataba como esposa y a ellas como hijas, estaban al tanto de los comentarios: "No es bueno para una esposa, la madre no está casada..." Tal vez por eso no lo hizo. No la quiere, pero también podría ser porque la encontró fea. Se sintió muy enojada y en ese momento decidió que algún día le pagaría a Vinícius. De alguna manera haría que se enamorara de ella y luego lo despreciara.

Tomó la dirección que iba al campo, la carretera, continuación de la calle de la finca, que iba a un pequeño pueblo cercano y conducía a muchas fincas. Cabalgó lentamente, llorando y alejándose.

- ¡Ahí! - murmuró -. ¡He llorado demasiado por ese idiota, que no pierde esperando!

Siguió adelante, fue entonces cuando vio a un niño parado debajo de un árbol con el caballo a su lado.

- ¡Hola, Vanesa!

– ¡Ernane! ¡Que sorpresa! Se bajó y fue a saludarlo.

– ¡Cómo estás bonita! – Exclamó, suavemente –. Pero ¿qué tienes en los ojos?

– Creo que fue el polvo...

– Debe haber sido una razón fuerte. ¡Vino de lejos! ¿No quieres ir a casa? Mis tías se alegrarán de verte – invitó Ernane.

Montaron en sus caballos y se fueron. Vanessa no tenía ganas de volver a la finca y conocía a las tías de Ernane, eran amigas de su madre, espíritas, amables señoras que vivían en una casona en las afueras del pueblo vecino. Ambas eran, Olga y Tereza, solteras y tenían un inmenso amor por su sobrino. Escuchó un comentario de su madre que Ernane estaba enfermo y que había venido a pasar un rato con sus tías.

Fue recibido con alegría. Tomaron café.

– Vanessa – dijo tía Olga –, ¿me dijiste en casa que vendrías para acá?

– No. Es que me fui a montar y... – Respondió la chica.

– ¿Has visto qué hora es? Tu madre estará preocupada. Llegarás de noche – dijo la tía Teresa.

Vanessa miró la hora y se sobresaltó, distraída por su murmullo. Ernane tuvo una idea:

– Vanessa, llama a tu mamá, dile que estás aquí, que te distrajiste, y quédate a dormir. Mañana te irá. No podemos dejarte ir, pronto oscurecerá.

– ¡Hazlo, cariño! – Pidió la tía Olga. La chica llamó.

– Mamá, me distraje y la tía Tereza y la tía Olga quieren que duerma aquí... La clase de mañana no es importante. ¡Está bien!

Colgó el teléfono y dijo feliz:

– ¡Mamá dijo que está bien! ¿Ni siquiera se molestará?

Hablaron animadamente y la niña olvidó su dolor. Prestó atención a Ernane: era rubio, guapo, de aspecto tranquilo y muy educado. Pero estaba delgado y pálido.

– Vanessa – dijo –, si lo deseas, por supuesto, te enseñaré a montar con gracia.

Quería ser una buena persona, una mujer interesante – respondió, pensando que si lo era le daría a Vinícius la lección que tanto deseaba.

– ¡Yo podría enseñarte! ¿Sabes jugar al ajedrez? ¿No? ¿Bailar? Bueno, te enseñaré. No deberías sentarte así, pararte derecha en tu silla, cruzar las piernas. ¡Eso! ¡Perfecto!

A ella le gustaba, sería diferente a partir de ahora, aprendería a ser una mujer como le gustaba a Vinícius y luego él lo vería solo.

Al otro día aprendió muchas cosas. Ernane le dio una lista de libros que debería leer. Se fue por la tarde, prometiendo regresar el sábado para el fin de semana. El conductor se la llevó y la recogió el domingo por la noche. Hizo esto durante siete fines de semana y en sus vacaciones de julio pasó un tiempo en la casa de las tías de Ernane, quienes también se convirtieron en sus tías.

Ana se enteró por Lívia de lo que le había pasado a su hija y a Vinícius le pareció bien que se viera con gente diferente. Luego conoció a Olga y Tereza del Espiritismo, eran amigas, y la convencieron para que la dejara con ellos; eso le estaba haciendo bien a la chica.

Vanessa volvió de vacaciones cambiada, caminando elegante, con ropa moderna y bonita, se cortó el pelo, aprendió a maquillarse, jugaba al ajedrez, leyó todos los libros que Ernane le recomendaba, le gustaba, siempre le gustaba mucho leer, aprendió a bailar, disfrutando de ver las estrellas, sabía los nombres de las principales y su ubicación en el cielo.

Los amigos admiraron el nuevo look.

– ¡Qué bien estás!

Vio a Vinícius y ni la miró, hasta le dio la espalda. Él la miró, ella levantó la cabeza, nunca dejaría que la humillara de nuevo. Estaba emocionada por lo que Ernane le había enseñado, comenzó a sentarse como él le había aconsejado, usando el perfume adecuado.

¡Campeonato de ajedrez! – Comentó el grupo eufórico.

El club estaba promocionando un campeonato y Vanessa se inscribió, Ernane le enseñó y aprendió rápido. Y grande fue su sorpresa al encontrar a Vinícius, que también se había apuntado. Ahí estaba el primer juego, ella ganó fácilmente. Había gente de todas las edades, más hombres; mientras esperaban el final, pusieron música y un señor, conocido como excelente bailarín, desafió a las mujeres:

¿Quién sabe bailar para ser mi cita?

Se rio. A Vanessa siempre le había gustado bailar, y después que Ernane le enseñara, lo había hecho bien. Se levantó.

– ¡Bailo contigo!

Y lo hizo muy bien. La clase aplaudió y el señor comentó:

– Dios, niña, ¡realmente bailas!

– Solo te sigo, me gusta bailar – respondió ella. Después de unas tres canciones, Vinícius se acercó a la pareja y les dijo:

– ¡Señor, le quitaré a la niña! ¿Me permite?

Vanessa cambió de pareja, Vinícius bailaba bien, era fácil seguirle el ritmo. Pero ella no lo miró, mantuvo la cabeza erguida, la nariz levantada. Cuando terminó la canción, volvió con sus amigos, que habían venido para la competencia.

Entonces, ¿han terminado? ¿Vamos? Vinícius comentó:

– No sabía que jugaba bien al ajedrez o bailaba...

- ¿Por qué tenías que saberlo? - habló con calma

¿Vendrás al baile el sábado? - Preguntó.

- No, tengo otra cita - respondió ella, dándose la vuelta.

El fin de semana fue a casa de las tías de Ernane, él estaba enfermo y ella le hacía compañía.

- Vanessa - dijo -, tengo cáncer, no hay cura, mi padre quiere que me vaya a los Estados Unidos, yo no. Le pedí que me quedara aquí con mis tías, que desde que murió mi madre lo son todo para mí.

La chica lo amaba mucho, era un gran amigo, tal vez llegaría a amarlo, pero él siempre cortaba con delicadeza cualquier acercamiento en esa dirección. Ella estaba triste.

- ¿Por qué estás triste? ¿No sabes que todos vamos a desencarnar? ¡No tengo miedo de este cambio! Estoy seguro que estaré bien en el plano espiritual. Luego, estaremos unidos por nuestra amistad. No quiero que sufras por mí, no quiero ser motivo de tristeza para nadie - dijo con calma.

- ¡Disculpe, amigo! Tienes razón, la desencarnación es para todos nosotros...

En la tercera partida de ajedrez volvió a ganar y al final estaban hablando de las estrellas. Era el tema favorito de Ernane y por eso lo conocía bien y espontáneamente comentaba constelaciones, cometas y cuando se dio cuenta ella y Vinícius estaban hablando animadamente. Entendió bien el tema.

Vanessa rara vez salía y los fines de semana iba a casa de sus tías. Pasó un mes y Ernane se fue con su padre a los Estados Unidos, iba a probar un tratamiento. Las tías lloraban y ella estaba aprensiva y lloraba también.

El campeonato estaba en la fase final. Vanessa estaba en la lista final, Vinícius también. Jugaron y empataron. Nuevos juegos, él ocupó el primer lugar y ella el segundo. Había fiestas, bailaban y se interesó por la hija de Ana, sobre todo después de un curso de psicología, tenían las mismas ideas. Comentaban en el curso, cuando hablaban de libros, una nueva coincidencia: les gustaba leer a los mismos autores.

La chica lo evitaba y eso despertó más su interés, comenzó a cortejarla.

– ¿Vendrás al baile este sábado? No la entiendo, le gusta mucho bailar y no viene a los bailes – dijo.

– No sé, no tengo ganas – respondió ella con desdén.

Y no lo hizo, prefirió visitar a sus tías Olga y Tereza, extrañaban mucho a su sobrino. Siempre escribieron. El tratamiento no funcionó y regresó a Brasil, se quedó en la casa de su padre en Río de Janeiro y sus tías fueron allí. Vanessa quería ir a visitarlo, pero él pidió que no fuera, estaba muy enfermo. Ella entendió. Recibió la noticia de su desencarnación y lloró. Ana la consoló:

– Hija mía, no debes actuar así. Entendemos bien este evento. Oremos por Ernane, estoy seguro que ya está con su madre, tuvo conocimientos y méritos, estará bien en el plano espiritual. Y allí, para los buenos, es mucho mejor que aquí. Piensa en él tranquilo, feliz y saludable.

Vanessa hizo un esfuerzo y ante la insistencia de su madre salió más, también porque sus tías aun estaban en Río de Janeiro y ella no podía ir a su casa. Se encontró con Vinícius y lo ignoró. Ella fue a un baile, él la invitó a bailar y la elogió:

– ¡Estas guapa!

– ¿Cambias de opinión rápidamente o mientes a menudo? Hace un rato pensabas lo contrario.

– Creo que no lo hice bien. ¡Tú eres linda!

Semanas después él le pidió salir con ella, ella dijo que ningún chico insistió. Vanessa solía montar por aquí, solo que ahora se vestía como una amazona, llevaba botas, sombrero, pantalones largos, ropa que le había regalado Ernane. Corrió por el campo, Astro saltó obstáculos. Estaba distraída y, como de costumbre, se detuvo, se subió al arnés, se puso de pie para alcanzar unas guayabas, las recogió y comenzó a comer, sentándose nuevamente en el arnés.

– ¡Vanessa!

Se giró y miró a Vinícius observándola. Había detenido el camión en la carretera y llegó a la cerca. Habló preocupado:

– ¡Que peligro! ¡Puedes caer!

Pero no caigo, entonces, si pasa, ¡no paso del suelo! – Respondió ella con calma.

– ¡Traviesa! ¿Por qué hiciste eso? ¡Ponerte encima del caballo! – Habló emocionado.

– ¿Para qué? ¿Para quién? ¡Pues Vinícius, ve a llenar otra! Si quisiera presumir, montaría un espectáculo para una audiencia y cobraría una entrada. Ni siquiera sabía que estabas ahí mirándome. Galopaba en dirección contraria.

Estaba con un amigo, que se rio.

– Tú, querido, te equivocaste, Vanessa es muy buena a caballo.

– Podría haberse caído, ¡qué temeridad! – Exclamó Vinícius.

– ¡Cuidado! ¡Se ve enamorado! Ella se interesó por ti y la desairaste, ahora es todo lo contrario – comentó su amigo.

Ni siquiera respondió.

Tuvieron algunas discusiones, pero terminaron saliendo. Pero Vinícius estaba celoso, a veces se comportaba de forma grosera, y sus amigos no lo entendían, y así era con ella. Si Vanessa se defendió, peleaban. A él no le gustaba que su novia montara, así que ella dejó de montar a caballo para evitar desacuerdos y, cuando lo hacía, se escondía de él.

Las tías Olga y Tereza regresaron del viaje y Vanessa fue a visitarlas. Vinícius estaba molesto:

– Nunca supe por qué te gusta tanto ir allí.

– Me gustan las dos, somos amigas.

La joven partió temprano el sábado, regresaría el domingo por la tarde. Pero el sábado por la tarde, Vinícius apareció allí. Fue bien recibido y conversó amablemente con las dos damas.

De repente, vio el retrato de Ernane.

– ¡Gran amigo! ¡Siento su muerte!

– ¿Qué sabes? – Preguntó Vanessa, asombrada.

Estudiamos juntos, vivíamos en el mismo dormitorio, éramos confidentes, aprendí a jugar al ajedrez con Ernane – respondió suspirando.

– Ha estado aquí enfermo. ¿No viniste a verlo?

– ¡Claro que sí! Los martes venía a jugar con él; Simplemente no vine para las vacaciones de julio porque él me pidió que no lo hiciera.

Vinícius se conmovió con los recuerdos y ella quedó asombrada. La tía Olga lo llamó a la cocina. Él entendió todo. Ernane sabía de su amor por Vinícius y decidió ayudarla, incluso el perfume indicado era su favorito, bailes, ajedrez, libros. Ernane, conociendo a su amigo, sabiendo lo que le gustaba, hizo que ella aprendiera a gustarle las mismas cosas para conquistarlo. Lo invitaron a pasar la noche, aceptó y el domingo partieron.

Salieron durante meses, pelearon mucho. Coqueteaba con otras chicas ya veces incluso cerca de ella.

A fin de año, la escuela de Vanessa organizó una excursión, pasarían ocho días en la costa. Gustavo pagó todo y ella estaba radiante.

– ¡Tú no vas! – Afirmó Vinícius.

– ¡Claro que voy! No conozco el mar, sueño con este viaje.

Un día, cuando estemos casados, te llevaré a la playa. ¡Con tu pandilla no lo harás! Discutieron durante días y él dio un ultimátum:

– Si te vas, nuestra relación ha terminado.

Estaba indecisa, pero ya estaba todo arreglado, el señor Gustavo le había dado todo con mucho gusto, Ana estaba feliz que se fuera a viajar. Amigos comentaron:

– No entiendo por qué Vinícius actúa así contigo. A todo el mundo le gusta como amigo.

– Debes ir, pelean, luego regresan.

Vanessa fue, se olvidó de las peleas y disfrutó del viaje, que fue maravilloso.

Cuando ella llegó, para su sorpresa, él estaba con otra novia.

La hija de Ana llegó a la conclusión que era lo mejor y que debía olvidarse de él. Días después, cabalgando por allí, cerca de la finca, se encontró con Adriano. Lo conocí, estaba estudiando en otra ciudad, estaba en su último año de derecho, vivía en un lugar cercano. Sus amigos decían que estaba interesado en ella, pero como solo tenía ojos para Vinícius, no le hizo caso. Miró al joven, no era guapo, pero sí inteligente, educado y, como a ella, le gustaban los animales. Hablaron mucho, estuvieron de acuerdo en montar al día siguiente. Y lo hicieron toda la semana.

Gustavo los encontró, se detuvo, saludó a Adriano. Cuando Vanessa regresó a casa, preguntó:

– ¿Estás saliendo con Adriano?

– No señor, nos encontramos para dar un paseo – respondió la niña.

– ¡Me gusta! Cuando se gradúe lo invitaré a trabajar en la fábrica. Parece interesado en ti. Adriano es oro mientras que el otro es estaño. Se apagó.

Ana, que estaba escuchando, agregó:

– A Gustavo no le gusta Vinícius. Tiene una forma extraña de mirar a las personas a los ojos y sentir quiénes son.

Hubo muchos chismes. Comentaban sus amigas, Vinícius hablaba de ella, que era tonta, indecisa, que solo pensaba en volver a salir con ella si se disculpaba, etc.

– Ni siquiera me disculparé, ya que no acepto sus excusas – dijo.

Con enojo, Vanessa aceptó salir con Adriano, pronto notó la diferencia, él la trataba como si fuera alguien muy importante.

Con la vuelta a clases, se fue a estudiar y volvió en Semana Santa. Cabalgaron juntos toda la tarde. Por la noche, cuando fue a buscarla, tenía la cara llena de cicatrices.

– ¿Qué sucedió? – Ella preguntó.

– Creo que lo sabrás. Vinícius y yo peleamos.

Vanessa estaba disgustada. Adriano era de estatura media; Vinícius era alto, fuerte y ciertamente actuaba como un matón queriendo resolver una frustración por la fuerza, nunca pensó que ella saldría con otra persona.

– Me atacó y... – Dijo Adriano, queriendo explicarse.

Decidieron olvidar el desagradable incidente. Adriano volvió a estudiar. Vinícius comenzó a acosarla, quería volver a salir con ella. Una noche fue a la finca, se sentaron en el porche, comenzaron a discutir y él terminó gritando. Gustavo intervino:

– Mira, joven, no quiero que trates así a Vanessa. Ve a gritar a tu casa.

Ella está saliendo con alguien más. Deja de acosarla.

No respondió y se fue. Cuando entró, escuchó a Gustavo hablando por teléfono con el padre de Vinícius:

– Tu hijo se está convirtiendo en un inconveniente. Ha estado acosando a mi hijastra, y me gustaría que le aconseje que se detenga.

Después de colgar, le dijo a la chica:

– ¿Sabes lo que me dijo su padre? Quién pensó que eras tú el que estaba detrás de tu hijo. Pero dijo que hablará con él. Vanessa, no quiero interferir, pero te aconsejo: ¡piensa bien! ¿Este chico rudo es lo mejor para ti?

Ella fue a su habitación. Esa noche tuvo un sueño tan fuerte que se sintió real. Estaba casada con Vinícius, le tenía miedo, conoció a Ernane y se enamoró, traicionó a su esposo, quien se enteró y fue a matar a su amante, quien terminó asesinando a su esposo. Ernane fue arrestado. Ya tenía dos hijos de su marido, esperaba uno de su amante. Fue despreciada, se habría muerto de hambre si no fuera por la ayuda de Adriano, un joven maestro. Después de un tiempo, él salió, se la llevó a vivir con él y la ayudó a criar a los niños como si fueran suyos.

Se despertó angustiada y lloró mucho. "¿Qué hago?" Y vio a Anita al lado de su cama sonriéndole.

– Hija mía, busca el consejo de Ana.

Ya no dormía, no dejaba de pensar, se levantaba temprano, quería hablar con su madre, pero solo después del almuerzo lo logró. Le contó todo el sueño. Ana escuchó atentamente, pensó un rato y aconsejó:

– Vanessa, los sueños tienen muchos significados. Puede ser que esto sea un recordatorio del pasado. Pero no siempre hemos estado involucrados con las personas que conocemos en esta encarnación. Puede ser por estos problemas que soñaste, confundiendo todo, romance o haciendo una historia para los tres. Hija mía, tenemos la oportunidad a través de la reencarnación de volver a empezar, es cierto que este comienzo puede ser como una reparación, una reconciliación, pero sobre todo es un aprendizaje. Tenemos la obligación de aprender, mejorar progresar y aprovechar esta oportunidad de estar bien y ser feliz.

He conocido en esta encarnación dos opuestos. Gilberto me recuerda a Vinícius en su agresividad y Adriano, a Gustavo. No sé si he estado con Gilberto en otras encarnaciones. Si yo estaba o debería haber hecho algo por él, no ayudó, no podía cambiarlo. Quizás en mi pasividad permití que siguiera actuando mal. Dijiste que en tu sueño temías a tu esposo, quizás porque era agresivo y malo. Joven, soñadora, no pudiste resistir la pasión y acabaste teniendo un amante. Ernane desencarnó joven en esta vida, quizás porque mató en la otra. Pero si eso sucediera, los dos se reconciliarían, haciéndose amigos.

– Mamá, si traicioné a Vinícius, tal vez debería quedarme con él...

– ¿Será, hija, que no volverás a traicionarlo? ¿Soportarás si él te traiciona, te agrede, te humilla como lo ha hecho? Vinícius no es malo, simplemente no es rival para ti. Sintonizamos con algunas personas y con otras no. Gustavo no funcionó con Lorena y sí conmigo. Serás feliz con alguien que te brinde seguridad, amor y que acepte vivir sin peleas. No creas, engañándote, que puedes cambiar a Vinícius. Es difícil cambiar a alguien, es mejor encajar con uno que coincida con tu forma de ser. Mucha gente vive bien con peleas y celos, a ti no, te gusta la armonía. Adriano te ama, sí, solo míralo para ver. Y si tu sueño fue real, él no tuvo nada que ver con los desencuentros, te ayudó y llegó a enamorarse de ti, te ofreció un hogar honesto y crio a tus hijos. Ahora te ama de nuevo...

– ¿Ernane quería que me quedara con Vinícius? – Preguntó la joven.

Solo pensó en ayudarla cuando supo que estabas enamorada de él – respondió ella.

– A–N–A.

¡Estoy dividida!

– Que no sea por el pasado. Este se quedó atrás. Elegimos nuestro futuro con decisiones presentes. Piénsalo, hija, con quién te gustaría vivir hasta la vejez y quién sería un buen padre para tus hijos.

Unos días después, la tía Olga llamó a Vanessa para ir allí.

Estaban felices, recibieron un mensaje de Ernane a través de la psicografía.

Vanessa leyó alegremente; el amigo dijo donde estaba, describió una hermosa colonia. Con su madre estaba sano y feliz.

– Este es para ti – dijo tía Tereza, entregándole un papel. Era una nota:

– *"Querida amiga Vanessa. Tu sueño mostró parte de una encarnación que tuvimos juntos. Nos equivocamos, sufrimos y lo pagamos. Tus madres Ana tienen razón, el cariño sincero de Adriano te hará feliz. Vinícius nos ha perdonado, pero en el fondo aun tiene penas, no las alimentes. Encontrará su verdadero amor. ¡Sé feliz! Ernane."*

Mira Vanessa, el medio se equivocó en plural: tus madres – observó la tía Olga.

– ¡Es linda! ¡Qué verdadero mensaje! – exclamó la niña, comprensiva.

Bueno, no fue un error.

Y decidió, se quedaría con Adriano. Llamó a Vinícius para reunirse con ella y se fue clara:

– Vinícius, quiero a Adriano, quiero seguir con él, como también quiero ser tu amiga.

Él le dio la espalda y la dejó sola. Pero, por muy coqueto que fuera, pronto estuvo con otra persona. Vanessa amaba mucho a Adriano; Conociéndolo mejor, estaba segura que era su pareja ideal; se emparejaban, se respetaban y él la amaba mucho. Firmaron el noviazgo; a fin de año, ambos se graduaron: ella era maestra y él abogado, y él se fue a trabajar a la fábrica y se hizo muy amigo de Júnior. Se comprometieron.

La niña fue a dar clases, cumpliendo su sueño, además de dar el curso de Evangelización Infantil. Adriano tenía otra religión, pero, como tenía curiosidad, indagaba sobre el Espiritismo, leyendo libros, y por invitación de ella fue algunas veces al Centro Espírita, convirtiéndose en espírita por elección. Organizaron la boda; La hija de Ana le contó toda su historia a su prometido.

Por eso Ernane lo puso en plural: sus madres. Que suerte tienes de tener dos madres maravillosas.

Los dos reunieron a amigos del Centro Espírita en la víspera de la boda para una oración. Fue muy bonito, se leyó un texto del Evangelio y recibieron vibraciones de cariño de los encarnados y desencarnados.

La boda tuvo lugar en la finca. Gustavo la condujo a la mesa del juez; casados sólo por lo civil, no querían recibir la bendición de una iglesia a la que no asistían. La novia estaba preciosa, lloró Ana de la emoción. Y los dos vivieron bien, tuvieron una unión feliz y tres hijos.

12.–
AUSENCIA

La granja siempre estuvo animada. A los niños les encantaba ir allí y el domingo era sagrado: llegaban temprano y solo se iban por la noche. Se llevaban bien, los hijos de Junior llamaban abuela a Ana, así como los hijos de Lívia y Vanessa llamaban abuelo a Gustavo.

Los dueños de la finca nunca más viajaron. Recibieron algunas cartas de miembros de la familia, que respondieron cortésmente, ignorando las sugerencias para visitarlos. Y las noticias acabaron escaseando.

Ana ya no quería ahorrar dinero, lo gastaba todo en sus nietos. Gustavo empezó a acompañarla al Centro Espírita, le gustaba estudiar y ayudaba mucho, aportando dinero a la asistencia social. Cosía, bordaba para el bazar, que vendía las piezas para recaudar dinero y convertirlo en comida; visitaba familias, ayudando en casos de enfermedad. Vivían en paz. Rara vez discutían, y cuando lo hacían era por tonterías y terminaban riéndose.

Luciana, Lívia y Vanessa se hicieron grandes amigas. Frecuentaban mucho las casas de los demás, los niños se llevaban bien. Júnior y su esposa se interesaron por el Espiritismo, comenzando por leer algunos libros y luego asistiendo al Centro Espírita. La nuera de Gustavo era una persona especial, delicada, sincera, de familia rica, pero sencilla y servicial.

- ¡Yo también quiero trabajar! – Le dijo a Junior, quien al principio estaba en contra. – Lívia ayuda a Cláudio, Vanessa enseña. Los niños –que eran tres– ya están grandes, puedo salir de casa a trabajar.

- Ve al Centro Espírita con Vanessa – dijo Junior.

- Pero voy...

- ¿Por qué no empiezas a hacer algo en la fábrica? Aprende a través de tareas sencillas y luego haz algo que te guste por dentro con conocimiento – dijo Ana.

- ¡Quiero! ¿Puedo ir, Junior? – Preguntó Luciana.

- Luciana –dijo Gustavo–, una pareja, para trabajar en el mismo lugar, necesita ser consciente que esta convivencia ya no es fácil. En el trabajo hay muchos problemas y uno puede apenarse por el otro o estar en desacuerdo indebidamente por ser más íntimo. Entonces estarán juntos todo el tiempo, piénsalo.

- Señor Gustavo – dijo Lívia –, Cláudio y yo trabajamos juntos desde que nos casamos, aunque yo sólo dedico la tarde a trabajar, cuando los niños están en la escuela. Tienes razón. Muchas veces, Cláudio no fue tan educado y yo, en otras ocasiones, ya me enredé con su forma de proceder. Después de algunas discusiones, preferimos el diálogo franco y llegamos a un acuerdo.

- Estoy pensando en poner a una persona que ayude al personal, a nuestros empleados, con los problemas diarios, así como alguien en quien confíe para llevar nuestra guardería – dijo Gustavo.

- ¡Acepto cualquiera! – Luciana estaba emocionada.

- Papá – dijo Junior –, estaba pensando en contratar a alguien con un título en trabajo social para cuidar de los empleados. No se sentirían cómodos con Luciana. Y en la guardería está doña Isaura y...

- Isaura debe retirarse. Hay denuncias en su contra, es muy estricta, quiere mucho orden y los niños necesitan disciplina, pero no tanta - comentó Gustavo.

- Me gustan los niños - dijo Luciana - tal vez eso no es lo que quiero.

- No solo se ocupará de los niños - expresó Gustavo -. Tú te encargarás de todo y créeme, mi nuera, las trabajadoras de la guardería te darán más trabajo. Entonces quiero que trabajes con los empleados para que todos mantengan a sus hijos en la escuela. Y aprovecho para invitar a Vanessa a abrir un curso para enseñar a leer juntos a adultos, una escuela para nuestros empleados. No quiero analfabetos en la fábrica.

- ¡Que hermoso! Gustavo, eres el mejor! - exclamó Ana en voz alta. Todos rieron.

Vanessa dejó la escuela donde enseñaba y, con Luciana, organizó el proyecto en la fábrica. No solo impartieron el curso a los empleados, sino a todos los que quisieron. Las aulas se llenaron, se contrataron nuevos maestros y todo lo pagó la fábrica. Vanessa sonrió.

- André Luiz, si desobedeces serás castigado - advirtió Lívia.

- Puedes dejar que yo lo cuide - dijo Ana.

- Mamá - dijo Lívia -, Cláudio y yo decidimos ser firmes en la educación de André Luiz. Juliana es tan dulce, pero necesita más pulso.

Lívia había traído a sus dos hijos, ella y su esposo estaban saliendo. Esto siempre pasaba, los tres solían dejar a sus hijos en la finca a pasear y les gustaba mucho. Ana reconoció que su hija tenía razón, el chico era algo rebelde. André Luiz recibió ese nombre en honor al escritor espírita desencarnado, que ya había editado los primeros libros y del que todos eran seguidores.

La hija se fue. Ana se sentó en el porche y estaba pensando en ello cuando el niño se acercó.

– Abuela, ¿estás triste? ¿Alguien te golpeó?

– ¿Pegarme? ¿De dónde sacaste esa idea, André Luiz?

– Bueno... es que anoche soñé que un hombre te golpeaba. Y parecía que era yo, pero no lo era, era un hombre. Me desperté molesto. Decidí defenderte, si alguien te golpea, lo golpeo fuerte. ¡No lo haré, abuela! ¡No es lo mismo!

Ana abrazó a su nieto. André Luiz era muy parecido físicamente a Lívia, pero ella se parecía a Gilberto. También ya se había dado cuenta que él estaba asustadizo con Gustavo. Ella siguió mirándolo, mientras los otros nietos corrían a abrazar a su abuelo, quien hacía todo lo posible por complacerlos. Gustavo tuvo que llamarlo, entonces se alegró y se escapó.

– Gracias mi querido nieto, es bueno saber que te tengo para defenderme. La abuela te ama. ¡Olvídate de ese sueño! Los sueños pueden no tener sentido y solo los raros tienen alguna conexión con nuestro pasado.

André Luiz había sido Gilberto y cuando fue rescatado en el plano espiritual, se arrepintió de haber tratado tan mal a las dos Anas. Lo marcó y quiso ser bueno con ella, quien sería su abuela. Y realmente era el nieto quien siempre estaba a su lado y siempre preguntaba:

– ¿Necesitas algo, abuela? ¿Estás triste? ¡No dejaré que nadie te golpee! – Se rieron al escuchar esta última frase.

– Nadie le pega a la abuela, André Luiz. ¿Por qué dices eso? Bueno – respondí –, es posible que quieran tocar, ¡pero no los dejaré! – Ana entendió.

Gustavo rara vez viajaba, cuando lo hacía era para apaciguar a sus hijos con su ex esposa o para ayudarlos en los negocios.

Estaban reunidos en la sala, era de noche, hacía mucho frío, los niños fueron al cuarto de juegos. Vinieron a ver a Gustavo, que había regresado en la tarde, había ido a ver a sus hijos y esta vez se tomó más días.

– Papá, mamá me llamó, me habló un rato. Quiere dinero.

– Señor Gustavo –interfirió Luciana–, no quiero que Junior le dé dinero a su madre.

¡Por favor, convéncelo!

– Papá – continuó Junior – Mamá me pidió una cantidad razonable y me dijo que no es mucho. Ella se quejó de ti, que la engañó, impidiéndole vender los bienes por documentos. Maldijo a Paulo Sérgio por no darle lo que le debía, como también se quejó de Áurea, que no la defiende.

Gustavo se frotó la barbilla, todos en la sala lo miraban, suspiró:

– Junior, hijo mío, estás felizmente casado. Luciana siempre ha sido sensata y deberías prestarle más atención a su opinión. ¿Has tenido alguna visita de tus hermanos o de tu madre durante el tiempo que vives aquí?

– No, señor – respondió –. Dicen que estoy loco por vivir en un pueblo pequeño. No lo hicieron

– ¿Te ha llamado tu madre para ver si estabas bien?

– No, una vez me dijo que tú me cuidarías.

– Hijo, para todos, incluso algunos amigos, te lastimé cuando compartí nuestras finanzas. Aunque esta fábrica era la única suya, te quedaste con menos que los otras dos. ¿Injusticia? Lorena es una persona inteligente, eso lo entiendes. ¿Qué hizo ella para defenderte? ¡Nada! Mi hijo estuvo estos días en la fábrica, con ellos, la economía es buena, pero están en muchos problemas. Paulo Sérgio solo le da a su madre lo que le corresponde. Me dijo que no es como yo, que yo siempre he sido tonto y le dio todo lo que quería que la acostumbré mal. Lorena gasta mucho, en extravagancias, fiestas, viajes, etc. Si necesitara dinero por buenas razones, no te lo pediría, porque yo acudiría a ella. Tú, hijo, has trabajado duro, trabajas duro, estoy orgulloso de eso, vas a ser el mejor presidente de esta fábrica. ¡No lo dudo! Si atiendes a tu madre una vez, ella, insaciablemente, siempre querrá hacerlo. Tu madre no tiene límites.

Atiende a tu mujer, dile que no y déjale claro que tiene que vivir con lo que te toca, que sabemos que es mucho.

Gustavo hizo una pausa, suspiró con tristeza y continuó:

– Paulo Sérgio le está robando a tu hermana y a tu madre. Es trabajador, listo, inteligente, pero no tiene vocación de trabajar para los demás. Vi esto y hablé con él, argumentó:

– Papá, Áurea solo viene aquí para meterme en problemas, mamá es una lasciva que solo piensa en gastar. Menos mal que hiciste todo bien, de lo contrario ya habría vendido todo y estaría en la pobreza. Papá ya me cansé, mamá solo viene aquí a pedirme dinero, no es como tú, que vienes a ayudarnos. Solo estoy tomando lo que es justo. "En algunas transacciones separo las mías."

Todavía traté de persuadirlo para que actuara con honestidad, luego me puso en mi lugar, ya no era nada allí dentro. Busqué a Áurea, nada ayudó, está peleando mucho con su esposo. La insté a trabajar, a cuidar lo que era de ella, ¿y sabes lo que me dijo mi hija? "Papá, ¿yo trabajo? Nunca, mi esposo es rico, tengo la inteligencia de mi hermano para que lo haga por mí. ¡Déjalo que trabaje y me pague!"

Gustavo dejó de hablar, el silencio en la sala era total. Ana tomó su mano. Júnior le preguntó:

– Doña Ana, ¿qué opina de todo esto?

– Creo, Junior, que tu padre es el hombre más maravilloso que existe y que te quiere mucho. Y si tu madre realmente lo necesita, debes ayudarla, pero ahora ayudarás mucho más negándolo.

- Señor Gustavo, me gusta mucho y lo admiro - dijo Vanessa levantándose de su asiento y abrazándolo.

- Yo -exclamó Luciana- tengo el mejor suegro del mundo. Somos, estoy feliz aquí en este pequeño pueblo, teniéndolos como amigos. Solo discrepo, señor Gustavo, en una cosa: antes Júnior podía tener menos, pero ahora no lo creo, la fábrica ha crecido mucho.

- Papá, hoy entiendo y estoy agradecido. Conoces bien a tus hijos. Dio a cada uno lo que le correspondía. ¡Gracias! - Dijo Junior, emocionado.

- Siento que es sincero y me alegro. Tú, hijo, pronto tendrás la igualdad económica de tus hermanos y más paz y tranquilidad.

Tiempo después Gustavo se quejó de dolor. Estaba teniendo malas digestiones, fue al médico, quien le pidió que consultara a un especialista. Junior lo acompañó a la capital y se programó una cirugía. Ana fue con él, lo operaron. Ella permaneció a su lado todo el tiempo. Dijeron que era un tumor en el intestino y que estaría bien. Sospechó y le pidió a Junior que dijera la verdad.

- Papá tiene cáncer, está avanzado.

- Se va a morir... - Tartamudeó temblorosa. Vamos todos...

Regresaron a casa, se sintió mejor, llamó a su pareja e hijo.

- ¿Qué tengo? ¡Puedes decirlo! ¿Es grave?

- ¡No, papá, por supuesto que no! Estarás bien y...

- Está bien, no tienes que decir nada más. Hijo, creo que ya no iré a la fábrica, me voy a jubilar. Si tiene dudas sobre la administración, deshágase de ellas de inmediato. ¡Cuídate de todo! Los dos entendieron que él sabía, prefirieron fingir que creía en ellos. Y el asunto nunca más se volvió a mencionar.

- Doña Ana - dijo Junior - Voy a buscar otra criada, Ruth te puede ayudar a cuidar a papá.

Así lo hizo, consiguió otra criada y luego otra para ir el domingo, que estaba libre. Ruth comenzó a ayudarla con gran dedicación.

Gustavo empeoró. El grupo espírita que visitaba a los enfermos siempre venía a verlo, le gustaba, oraban juntos y recibía el pase.

Un día, con todos reunidos, preguntó:

– Quiero pedirte un gran favor. No quiero volver al hospital. Quiero quedarme aquí...

– Pero papi...

– Por favor, hijo, haz esto por mí.

– ¡Está bien! – Dijo Júnior.

– ¡Gracias! – Junior contrató a una enfermera, luego a otra. La habitación se transformó, había de todo para servirlo. Ana dejó la cama sola, compró otra para ella, que colocó junto a la de él. Ya no se cambiaba de ropa para la cama, solo descansaba cuando él dormía. La enfermedad empeoró y empezó a sentir mucho dolor. Ana sufrió por él, estuvo a su lado todo el tiempo.

– Ana – dijo – siempre me lo agradecías, ahora soy yo quien te lo agradece. Estás haciendo mucho por mí. No sé si lo haces solo por gratitud, nunca me dijiste que me amabas. No sé por qué, querida, pero mi corazón quiere creer que soy amado.

Ella tomó su mano con ternura, pensó:

– "Siempre he tenido miedo de decirle que lo amo. Un miedo tonto me impide hablar, es un miedo que parece que si lo digo, él me abandonará. ¿Y ahora? ¿Me abandonará cuando desencarne? ¡No! Estoy seguro que simplemente se irá."

– Gustavo...

¡Señora Ana! – Ruth entró en la habitación a toda prisa y sin llamar a la puerta –.Llegaron los hijos del señor Gustavo...

Había escuchado el ruido de un auto, lo reconoció como el de Junior, pero Junior siempre estaba en la finca; también había escuchado ruido de otros vehículos, pero no prestó atención.

– ¡¿Mis hijos?! – Preguntó Gustavo, feliz.

– Sí, señor – respondió Ruth –. El hijo, la hija y los nietos.

– Los recibiré y los acompañaré hasta aquí – dijo Ana. Fue a la sala y escuchó:

– ¡Es increíble! – Exclamó Paulo Sérgio –. ¡Papá vive aquí!

Voy a terminar creyendo a Júnior, que esta señora Ana no es interesada – dijo.

– ¡Buenas tardes! – Dijo la anfitriona –. Bienvenido a nuestra casa.

Iba a decir humilde, pero no era por ella ni por Gustavo. Sencilla, tal vez, pero para ellos era su hogar, y eso era importante y estaban orgullosos de ello.

La saludaron cortésmente. Aurea la observó bien. Uno de los chicos, ya mayorcito, dijo:

– Quería ver a mi abuelo.

– Asegúrese por favor...

El paciente estaba feliz, se abrazaron, hablaron...

– Papá – dijo Paulo Sérgio –, la estoy pasando mal y...

Júnior lo miró con advertencia, pero su padre respondió:

– Paulo Sérgio, solo haz eso... – Terminó diciendo:

– Cuando tengas dudas, pide la opinión de Júnior. Dos cabezas piensan mejor que una. Deberían ser más amigos e intercambiar ideas.

Ana se paró a su lado en silencio. Después de un tiempo de conversación, se ofreció a hospedarlos.

- Gracias, doña Ana – respondió Áurea –, ya nos quedamos en casa de Júnior. Mañana saldremos.

- Tomemos un café entonces – los invitó.

Fueron y se sentaron a la mesa y disfrutaron del café que Ruth había preparado. Paulo Sérgio comentó con su hermano:

- Junior, papá está en mal estado, debería habernos avisado.

- ¿Aun más? – Respondió con una pregunta, dejándolo avergonzado – . Es triste verlo así. ¿No sería mejor llevarlo al hospital? – Preguntó Áurea.

- Ya les expliqué que papá no quiere – respondió Junior.

Regresaron a la habitación, se quedaron hasta que se dieron cuenta que su padre estaba cansado. Regresaron al día siguiente, almorzaron en la finca. Paulo Sérgio, al despedirse de Ana, dijo:

- Tuve la idea de llevar a papá a un hospital, pero cambié de opinión, aquí lo han atendido bien.

Regresaban más a menudo, no juntos. Gustavo estaba contento con las visitas, pero empeoró y el dolor era increíble. El médico les advirtió que tenía una enfermedad terminal. Ana solo lo dejó para ir al baño.

- Quiero Ana, que te cuides luego – pidió el enfermo. Se puso tan mal que casi no podía hablar más, se calmó un poco, hizo un esfuerzo, la miró y dijo:

- Mi querida...

No habló más y horas después desencarnó.

Los amigos espíritas vinieron y oraron por él, lo llevaron a la fábrica, allí fue velado. Ana no dejaba poner velas y no quería flores, pero mucha gente las llevaba y el ambiente era florido. Mucha gente asistió, empleados, familiares, todos en oración, sintieron realmente la pérdida de ese hombre justo y bondadoso.

Ana se sentó junto al ataúd, no lloró, trató de ayudar a Gustavo, pidió a los buenos espíritus que lo ayudaran y lo dejaran dormir. No quería llorar para no molestarlo. Él estaba ausente. Sabía que la ausencia duele, la ausencia física duele, pero peor es pensar que la muerte del cuerpo es separación. Estaba seguro que se encontrarían de nuevo.

La familia de Gustavo llegó y la saludó. Vio a Lorena, estaba lujosamente vestida, se acercó al féretro, sacó un pañuelo y se secó unas lágrimas. Le dijo a Paulo Sérgio:

– Saquen a esta mujer de aquí, soy la esposa legítima.

– Mamá, por favor, no hagas un escándalo, ¡tú eres la ex! – pidió Paulo Sérgio –. Mamá, lo prometiste. ¡Por favor, compórtate! – Dijo Junior con firmeza.

Ana escuchó, no dijo nada, siguió recibiendo sus condolencias. Después del entierro, su familia regresó a la ciudad donde vivían, sin pasar ni por la casa de Júnior, quien acompañó a Ana a la finca. Estaba cansada, su hijastro le dio un tranquilizante y durmió durante horas. Se despertó y escuchó a Ruth en la cocina, fue allí.

Ruth, tenemos que organizarnos. La vida sigue, aunque ha cambiado. Ya nada será como antes. Extrañaré mucho a Gustavo, pero tenemos que ayudarlo. Hoy voy a la reunión del Centro Espírita, quiero agradecer a mis amigos y pedirles que lo ayuden a adaptarse en el plano espiritual.

Agradecer la ayuda que recibimos es gratificante. La gratitud tiene fluidos balsámicos que envuelven beneficiario y beneficiario.

Al otro día, Ana reunió a todos en la finca.

– Junior, quiero que te encargues del despido de las enfermeras, ya no la necesitaremos.

- Lo haré hoy - respondió el joven -. Las compensaré. Quiero también la opinión de la señora sobre un tema. Quería que Félix, el hijo de Nicanor, se viniera a vivir a la casa de Ruth, la haré más grande, y también que se quede aquí la otra sirvienta. Ruth puede tener una habitación aquí, estaremos más relajados con ustedes dos juntas. Bueno, a menos que vengas a vivir con uno de nosotros...

- Tú me conoces, Junior, primero dije la alternativa que elegiría. Sí, acepto tu opinión. Félix reemplaza al señor Nicanor desde que se jubiló. Vive en una casa sencilla, estará contento de vivir aquí, es un buen empleado. Puedes agrandar la casa. Ruth ha estado durmiendo aquí desde que Gustavo empeoró, ahora definitivamente debería quedarse.

Aprovechemos que estamos aquí reunidos para decidir qué hacer con las pertenencias de mi querido compañero. Voy a cambiar la habitación hoy, enviar la medicina, todo lo que usamos para su enfermedad al hospital.

Separaron todos sus objetos. Junior llevó muchas cosas a la fábrica, el resto sería donado, dejando solo unas cuantas como recuerdo. Había libros, un reloj, discos, poco más, pero con un significado cariñoso.

Al día siguiente todo cambió. Ana recibió muchas visitas y conoció cuánto ayudaba económicamente su pareja a muchas entidades filantrópicas.

A veces lloraba, la añoranza le dolía, pero rezaba pidiéndole a su Padre fortaleza y consuelo, quería que Gustavo se sintiera bien y satisfecho. Lo animó con pensamientos optimistas:"¡Cuídate! ¡Alégrate, acepta lo que se te ofrece!" Aunque le dolía la ausencia, se consolaba pensando que un día desencarnaría y esperaría con paciencia este acontecimiento, y entonces estarían juntos de nuevo.

- Doña Ana - dijo Ruth -, te estás esforzando mucho. ¡Eres espírita! - Ana sonrió, era para ella el mayor cumplido que había recibido. Ella respondió:

– ¡Gracias, Ruth!

Comprendió que muchos dicen ser espiritistas, pero ¿lo son realmente? Y oír esto de Ruth, seguidora de la Doctrina durante tantos años, la motivó. Entendió que es en las pruebas difíciles que demostramos ser lo que nos proponemos. Ella era espírita, ¡y qué bien le hacía!

Ella y Ruth decidieron que la otra sirvienta vendría los sábados, domingos y lunes; ella aceptó gustosa, tendría más tiempo para la casa. Ella trabajaba cuando la casa estaba llena de visitantes, ya que todos seguían viniendo los fines de semana. Félix cambió, tuvo muchos hijos, y la finca siguió siendo disfrutada por muchos niños y jóvenes. Allí estaban todas las fiestas de la familia, así como las excursiones de la guardería y del colegio: iban a la finca y eran recibidos con dulces y tortas. Los niños del barrio siempre estaban ahí para jugar y saborear los frutos de la cuidada huerta.

– Ruth – dijo Junior –, he estado pensando que ustedes dos necesitan descansar, viajar...

– Unos amigos se van de excursión a visitar, conocer a Chico Xavier, yo quería ir... – Respondió Ruth, feliz.

– ¡Iremos! ¡Está decidido! Organiza todo – dijo Junior.

– Gracias, Junior, pero no quiero ir. Ruth irá, pero yo prefiero quedarme aquí, no me gusta viajar – dijo Ana.

Insistieron, pero ella no quiso. Junior entonces le dijo a Ruth:

– ¡Vamos, voy a pagar por todo!

– Pero tengo dinero.

– Cómprate ropa nueva, quiero que viajes bien vestida – dijo el niño sonriendo.

Y Ruth fue a cumplir su sueño de conocer a Chico Xavier, que se perfilaba como médium dentro del Espiritismo en Brasil.

Ana siempre extrañó mucho a Gustavo. Pero ella siempre tuvo cuidado de no perturbarlo con su lamento, lo quería bien.

Cuando amamos bien a una persona, queremos que sea feliz. Debemos entender que la desesperación solo la perjudica y esforzarnos por mantenernos en equilibrio, con buenos pensamientos. Después, comenzó a dedicarse a los demás que sufrían. Cuando hacemos esto, nuestra carga se aligera, el tiempo pasa más rápido, suavizando el dolor, porque nos olvidamos de los nuestros cuando ayudamos a los demás, todo se vuelve más fácil. Es una muy buena terapia para ayudar a los demás.

Ana comenzó a dedicarse aun más a la Doctrina, trabajando mucho en la parte social.

Junior se ocupaba de las finanzas, pagaba a los empleados de la finca y le daba dinero a su madrastra para los gastos. Ella, al retirarse, le dijo:

– ¡No hace falta que me des más dinero!

– Doña Ana, esto lo haré todos los meses, páselo con lo que quiera. Das tantos regalos a tus nietos.

– ¿Has tenido noticias de tus hermanos? – preguntó Ana.

– Ellos están bien, tienen sus problemas, a veces hablamos por teléfono, las quejas son las mismas, mamá sigue con sus gastos excesivos. ¡Mi familia está aquí!

Y era una familia muy unida donde uno podía contar con el otro. ¡Desearon lo mejor!

13.–
NUEVAMENTE JUNTOS

Gustavo despertó sintiéndose mejor, sin dolor, se volvió a dormir. Después de la tercera vez que se despertó, recuperó la conciencia. Miró el lugar donde estaba y pensó:

"Mi mejoría en el plano físico sería imposible, no tengo dolor y no es por la inyección. Estoy en una sala de hospital. Entonces, debo haber desencarnado y estoy en el plano espiritual y ayudé."

– ¡Gracias a Dios! – Él murmuró.

Un compañero de cuarto lo miró y comentó:

– Durmió mucho...

– Y me desperté dispuesto. ¿Cuándo desencarné?

– Caramba... Otro con esta historia... Despertó perturbado... – dijo el hombre haciendo una mueca.

Gustavo sonrió y preguntó:

– ¿Cómo llamo a alguien?

– Pronto vendrá un encargado aquí.

Unos minutos más tarde, un joven apuesto y agradable entró en la sala, sonriendo a todos. Otro interno, que ocupaba la misma habitación, lo llamó:

- ¡Por favor, Juliano, necesito noticias!

El joven, que en ese momento Gustavo sabía que se llamaba Juliano, se acercó a la cama y habló con la persona que había preguntado por él, luego se acercó a él.

- ¿Cómo se siente?

- Mucho mejor. Quería preguntarte cómo debo actuar. ¿Puedo levantarme?

- Creo que tu mejoría será rápida, Gustavo. Les avisaré a algunos amigos que te despertaste. Creo que es mejor quedarse en la cama por un tiempo.

Se quedó allí mirando todo. El caballero a su lado estaba muy molesto.

No quería morir y se quejaba:

- No sé si creer o no que morí. ¡Es extraño!

- Todo cambio puede parecer extraño si no lo entendemos. La muerte del cuerpo nos lleva a vivir de otra manera, es un gran cambio. Y nuestra voluntad no influye. ¡Mejor acéptalo, amigo!

Me gustaba mi casa, mis cosas, extraño involucrarme con mis hijos y nietos.

- Estás diciendo eso porque ciertamente no tenías nada - se quejó el compañero de cuarto.

- Tienes razón, ¡no había nada! ¿Qué poseemos realmente? ¿A parte del cuerpo? Muere independientemente de nuestra voluntad. ¿De alguna casa? Lo dejamos un día, nos guste o no. ¿De afectos? ¿De alguien? No somos dueños de nadie ni pertenecemos a nadie más. Te equivocas, yo fui, en la Tierra, encarnado, un hombre de medios, tengo una hermosa, buena esposa y nos amamos, tengo hijos y nietos. Es solo que, pensándolo bien, uso el término "tener" incorrectamente. Pero como decir? No sé. No perdí el cariño, el amor es como la vida, continúa.

Una señora entró a la habitación, llegó con una hermosa flor y se la entregó a Gustavo.

La reconoció, se parecía a Vanessa.

– ¿Anita? – Preguntó

– ¡Gustavo, bienvenido!

– Así que no hay que tener dudas, realmente desencarné – sonrió.

– Sí y espero que te recuperes pronto.

– Quiero recuperarme y espero saber cómo hacerlo, y lo antes posible.

Gustavo, vine a invitarte a vivir conmigo, vivo en esta colonia en una hermosa casa, recuerda la finca. Vivo con siete amigos y te estamos esperando.

– Gracias, Anita. Ya estaba empezando a preocuparme por cómo y qué iba a hacer cuando saliera de aquí. ¿Fuiste tú quien me trajo a la colonia?

– No, fuiste desconectado y enviado aquí por el equipo de amigos, trabajadores desencarnados del Centro Espírita que asististe.

– ¡Amigos! ¡Qué bien! ¡Quiero agradecerles! – Exclamó Gustavo.

– Tendrás una oportunidad – dijo Anita –. Ahora quiero agradecerte. Fuiste muy bueno con mis hijas. Te aman como padre porque actuaste como lo hiciste. ¡Gracias!

Él no respondió, sonrió y Anita le dio noticias de todos, se sintió aliviado de saber que estaban bien y pensó: "No quiero que sufran por mí."

– Es imposible – dijo Anita, leyendo sus pensamientos – te extrañan. Pero como comprenderá, están haciendo todo lo posible para no interponerse en tu camino. Y estás aquí porque te lo ganaste. Vendré a buscarte mañana. ¡Hasta luego!

Anita se fue y el señor, que estuvo atento a toda la conversación, comentó:

- Acabas de llegar y ya te vas. ¿No tienes miedo de lo que encontrarás fuera de estas paredes?

- Amigo, es mejor aceptar lo que se nos ofrece. Es maravilloso aquí... - Él interfirió:

- ¿Cómo lo sabe?

- Soy espírita, seguí una doctrina que nos ilumina en este sentido. Hay, amigo mío, lugares horribles a donde puede ir un desencarnado. Pensé mucho, cuando estaba encarnado, en la desencarnación. Estoy bien y voy a mejorar, ya no quiero ser un motivo de trabajo para otros.

- ¿Trabajo para otros? - Preguntó el caballero, extrañado -.

- ¿No estás siendo servido? Entonces, trabaja para los demás. ¿No lo pensaste? - preguntó Gustavo.

- Y...

- Porque no quiero ser servido, quiero ser autosuficiente y útil. Siempre he sido un trabajador y quiero seguir siéndolo.

- ¿No extrañas a tus familiares? ¿No quieres estar en tu casa? - Lo interrogó.

- ¡Por supuesto! Y debería sentir aun más, lo sé y estoy preparado. Cuanto antes me adapte aquí, mejor será para mí. Desencarné y ya no hay vuelta atrás, así que sigue mi consejo, acéptalo y todo será más fácil.

- ¿Sabes todo esto sólo porque fuiste espírita? - Quería conocer su compañero, curioso.

– Sí y porque yo creía. Como puede ver, lo hice más fácil aprendiendo de antemano.

El señor estaba callado y Gustavo estaba pensando. Comprendió que había sido rescatado por misericordia, quizás porque la había usado para otros. Había cometido errores, se arrepentía, si retrocedía en el tiempo no los volvería a cometer. Pero trató de acertar e hizo amigos, tanto que trabajadores desencarnados del Centro Espírita lo ayudaron. Estaba agradecido por ello. No quería ser dependiente, necesitado, sino merecer permanecer protegida. Ser rescatado fue una gran gracia.

Al otro día, Anita vino a buscarlo. Le gustaba mucho su casa y sus amigos. Cuando quieres, cuando puedes, y esto es un factor importante en el plano espiritual. Gustavo pronto adquirió conocimientos para vivir bien en la Colonia y se volvió útil.

Estaba tranquilo, hizo muchos amigos, le gustaba su trabajo, admiraba la organización y el orden de la colonia, y además estaba agradecido de vivir allí, y cuando se agradece hay que hacer fructificar la gratitud.

Al principio supo de sus seres queridos por las noticias que le dio Anita. Cuando se sentía seguro, se le permitía visitarlos. ¡Y qué gratificante era para él verlos! Estuvo presente en la memoria de todos de una manera amorosa. Al principio, Anita lo acompañó. Una vez le comentó:

– No entiendo a cuantos desencarnados les parece mal ver a sus familiares rehacer sus vidas.

– Es el egoísmo – aclaró su cicerone –. Muchos, al hacer este cambio, quieren que sus familiares sufran por ellos, y si esto sucede, se perturban por las angustiosas vibraciones que reciben. ¡Cuán necesaria es la comprensión! Al comprender que nada termina, la vida no se detiene, seguimos con nuestra individualidad, seguimos amando y entendiendo que seguramente volveremos a estar juntos, todo es más fácil, y no hay razón para tanto sufrimiento, los desencarnados deben orar, deseo sinceramente que los miembros de la familia se encuentren bien en el plano físico; y los encarnados, a su vez, desean que el ser amado que partió por la muerte física esté tranquilo para hacer este cambio, que para muchos es difícil por falta de comprensión.

Y Gustavo esperaba el regreso de su compañera. Quería que cuando ella viniera a él estaría bien para recibirla. Se dedicó al trabajo y al estudio con mucho cariño. Pero fue una nieta la que volvió primero, la hija de Áurea. La niña tenía dieciocho años, tuvo un accidente y desencarnó. Un asesor de la Colonia donde se hospedaba Gustavo lo llamó:

– Su nieta, Elenice, falleció. Se le permite ir allí y ayudar al equipo de rescate.

– ¿Cómo está ella? – Preguntó, preocupado.

Está en proceso de desligamiento.

Gustavo fue hacia ellos. Desesperación, agonía, tristeza e incluso revuelta.

Los encarnados estaban preparando a Elenice para el velatorio y un equipo de desencarnados desconectó su espíritu del cadáver. Su abuelo se acercó, ella luchaba, estaba alterada, no sabía lo que había pasado, no quería dormir, tenía miedo.

– ¡Mi nieta!

Abrazó a su periespíritu y lo besó.

Gustavo no tuvo mucho contacto con sus nietos, hijos de Áurea y Paulo Sérgio. Pero los quería bien y quería, en ese instante, ayudarla, protegerla y dejar que el amor la envolviera. Se esforzó por no dejarse envolver por las vibraciones confusas de los miembros de su familia. Su cuerpo estaba magullado, había fracturas, cortes, pero no sentía dolor. Fue un accidente automovilístico en el que viajaba con unos amigos, solo ella desencarnó, los demás resultaron heridos.

Elenice se detuvo un poco y lo miró aterrorizada:

– Abuelo, abuelo… – Tartamudeó suavemente.

– ¡Querida nieta! ¡Cálmate! ¡El abuelo te protege!

Él estaba hablando con ella, la niña se calmó, se quedó dormida y los trabajadores pudieron desconectar su espíritu del cadáver. El desvinculación se realiza de muchas maneras. Algunos son realizados por socorristas, otros por amigos y familiares. En el caso de una muerte violenta, la desconexión se hace rápidamente, pero en los casos de personas imprudentes que cometieron muchos errores y suicidios, toma días, meses, incluso años para llevarse a cabo. Para los buenos este proceso siempre es más fácil. Esta desconexión es la salida definitiva del espíritu de la materia.

Y allí quedó el cuerpo, siendo arreglado por trabajadores encarnados. Gustavo la tenía en su regazo, con la cabeza junto a su pecho. Un rescatista explicó:

– Somos trabajadores en una sala de emergencia al lado de la carretera. Elenice es una buena chica, podríamos haberla desvinculado en la escena del accidente, pero estaba tan asustada que no pudimos hacer que se durmiera. Tenemos que llevarla al Puesto de Socorro.

– Les agradezco señores. Tengo permiso para acompañarlos.

La acomodaron en una cama, Gustavo se quedó a su lado. La niña no podía dormir ni estar tranquila. Los gritos, los llantos de los familiares la hacían temblar, se angustiaba y murmuraba:

– ¡No! ¡Mami! ¡No llores! ¡Ya voy! ¡Estoy viva! ¡Duerme, no! ¡Paren con eso!

El abuelo se quedó con ella. Recordaban hechos y ella también los había visto. Elenice siempre fue una buena persona, una amiga leal, sus colegas lloraban, pero muchos rezaban y fueron estas oraciones las que ayudaron a calmarla por un momento. Pero la desesperación de la familia sacudió a la niña en la cama. Era una buena hija, estudiosa, pacífica, siempre estaba tratando que sus padres dejaran de pelear, ayudaba con consejos y cariño a su madre y también a su abuela. Lorena sintió; fue la primera vez que Gustavo vio sufrir de verdad a su ex mujer. Ella quería mucho a esta nieta.

Después del funeral, los calmaron con tranquilizantes y Elenice pudo relajarse. Ella pidió:

– ¡Abuelo! ¡No me dejes dormir! ¡No quiero quedarme dormida! ¡Por Dios!

– Cálmate, cariño, estoy aquí contigo. ¡cálmate! – Dijo, abrazándola cariñosamente.

Entonces entendió. La nieta era religiosa, tenía la idea equivocada que la muerte era un sueño del que no despertaría antes del Juicio Final. Y ella no quería dormir, tener la bendición de un sueño reparador.

El médico de urgencias vino a hablar con ella.

– No me importa estar muerta, pero no quiero dormir. No me dejes dormir, abuelo – le pidió.

– No lo haré, cariño. No me iré de tu lado.

Estuvo trece días en el puesto y Gustavo no se apartó de su lado, y ella no durmió. Si el cansancio la adormecía, saltaba ansiosa tratando de mantenerse despierta. Y la familia no ayudó, era enojo, desesperación y lástima por ella, que lloraba al sentirlos. Solo se sentía más tranquila cuando recibía oraciones de amigos, de Júnior, de Luciana, y eran muchas de Ana. Arregló su traslado a la Colonia, al hospital en la sala de jóvenes, su abuelo la acompañó. En la Colonia recibía menos vibraciones de sus familiares. Además, Júnior y Luciana les llamaron estrictamente la atención y les regalaron libros espíritas. Los primeros fueron leídos por curiosidad; los demás, con interés, y les hicieron bien, les consolaron. Este dolor fue una sacudida para ellos. Áurea y su esposo se juntaron en el sufrimiento, cambiaron algunos conceptos, incluso Lorena empezó a pensar que ella también moriría algún día, tuvo miedo y empezó a reflexionar sobre su vida, empezó a ir más a la iglesia, a orar y hasta a hacer caridad.

Elenice estuvo hospitalizada durante muchos meses, se sometió a un tratamiento y solo después de ocho meses de dormir tranquila, perdió el miedo a quedarse dormida. Poco a poco fue entrando con otros jóvenes. Cuando salió del hospital, se fue a vivir al dormitorio con otras chicas. Gustavo se quedó todo el tiempo que tuvo a su lado.

– Gracias, abuelo – agradeció la niña –. Sabía que eras bueno, pero no calculé tanto. Ahora no hace falta que pases mucho tiempo conmigo, estoy bien, tranquilo y seguro que aquí seré muy feliz. Nunca pensé que la desencarnación fuera tan simple. Hice un drama de eso.

Y el abuelo sólo se tranquilizó de ella cuando la vio adaptada en el plano espiritual.

La primera vez que Gustavo fue de excursión a Umbral para estudiar, volvió aprensivo por lo que vio. Visitó un lugar cerca del Puesto de Socorro. Un consejero, viéndolo triste, le dijo:

– Gustavo, ¿por qué estás así?

– ¡Es que vi tantos sufridores! Allí reconocí a un señor que falleció con cáncer como yo y no se pudo evitar.

– Querido mío, hay diferentes maneras de sufrir, unos se rebelan y este sufrimiento no les sirve de nada, otros se conforman, actúan bien y eso les da el mérito de recibir ayuda. Y algunos, como tú, se regeneran a causa del dolor, comprenden el sufrimiento, vibran mejor con él, lo cual es motivo de reflexión para progresar.

– Muchos pidieron ayuda...

– Gustavo – continuó aclarando –, para ser rescatista en el Umbral es necesario aprender a distinguir a un mendigo que quiere alivio de otro que quiere mejorar. Está el bromista equivocado, que se equivoca por placer, y cuando llega la reacción, el dolor, se convierte en un sufridor equivocado, pero sigue estando equivocado. Para ser ayudado es necesario, por el bien de él y del lugar donde se albergará, que se arrepienta y quiera mejorar. Nadie cambia solo con la desencarnación, sino cuando comprende y quiere cambiar, transformándose para bien. No basta con pedir ayuda; más bien, es necesario querer esta mejora, convertirlos de su maldad e imprudencia y no sólo apuntar al fin de su sufrimiento.

Gustavo entendió.

Hay diferentes formas de arrepentimiento, en algunos el remordimiento es destructivo, odian su error y otros cometen desesperación, como sucedió con Judas Iscariote, quien se arrepintió de la traición que hizo al Maestro Jesús y se suicidó, cometiendo otro gran error. El arrepentimiento debe ser constructivo, debemos querer sinceramente reparar la acción injusta. Yo, Antônio Carlos, he estado yendo mucho a Umbral y de hecho lo vemos mucho, angustiados, desesperados pedidos de ayuda, pero desafortunadamente, en muchos, es solo para el alivio de sus dolencias; algunos incluso quieren deshacerse del dolor para vengarse, otros piensan en volver a sus placeres mundanos. Son pocos los que se despiertan para cambiar, para querer superarse, a causa del sufrimiento. Y puede verse de muchas formas: como castigo, oportunidad de cambiar, regenerar o aprender para progresar. A menudo, al principio, el desencarnado que sufre en el Umbral pide alivio; al no tener, se rebela y el dolor persistente lo lleva a pensar diferente. Entonces se le ayuda y este deseo de cambio puede pasar con las dificultades y vuelve a sus viejos errores; no ha cambiado, solo quiere.

Pero los rescatistas también ayudan a los que quieren alivio; a los mendigos siempre se les da la oportunidad de cambiar. Esta oportunidad rara vez se les da a los rebeldes, a los que piensan que han sido agraviados y a los que quieren venganza.

Es un error pensar que basta con pedir ayuda para ser ayudado. A menudo, dar alivio antes de tiempo es privar a una persona de aprender. Esto no solo les sucede a los desencarnados.

Todos queremos deshacernos de las reacciones que nos traen sufrimiento y no siempre renunciar a las malas acciones. Somos libres de pedir alivio, pero normalmente quienes ayudan deben entender que cuando el amor no logra enseñar, el dolor lo intenta, y que el sufrimiento puede conducir a la transformación. Felices los que entienden y cambian para mejor a través de la comprensión.

Gustavo empezó a tener algunos recuerdos de vidas pasadas y estaba seguro que él y Ana ya habían estado juntos. Buscó en la Colonia el departamento que asesora sobre estos recuerdos y recibió mucha información, leyó mucho sobre el tema. Entendió que recordar los errores puede ser doloroso, pero nuestras acciones, tanto buenas como malas, nos pertenecen.

"Es bueno recordar preparado", pensó.

Y tan pronto como se sintió en forma, recordó. Hubo muchas existencias, recordó los hechos más importantes. Una; sin embargo, lo marcó más. Por lo general, la encarnación que más remordimientos nos hizo sentir o en la que aprendimos mucho entre queridos afectos es la que más marcas deja. Y ésta la recordaba en detalle. Había renacido en un país europeo, había sido campesino, sus padres vivían con dificultades, aunque poseían una pequeña finca; pero estaban unidos y se amaban mucho. Una vez su padre le hizo un favor a un monseñor y lo invitó a bautizarlo, entonces era un recién nacido. Y acordaron que sería sacerdote, de joven iría a un convento. Creció sabiendo esto y quería hacerlo. Sus padres siempre le hablaban de la posibilidad de ser importante dentro de la Iglesia e incluso ayudar a la familia. El padrino, monseñor, enviaba dinero todos los años para que estudiara y lo hacía con dedicación. Tenía muchas ganas de ir al convento.

Ciertamente las personas que participaron en estos eventos tenían otros nombres, pero ¿qué es un nombre? ¿Designación para una encarnación? Seguiremos llamándolos como en la última existencia para facilitar la comprensión.

Ana era vecina de Gustavo, siempre se veían. Un día se le acercó.

– ¿Me podrías enseñar a leer? Tengo muchas ganas de aprender. No te molestaré, en cualquier momento que puedas estará bien conmigo.

Hacía un trabajo ligero, velaba por el rebaño y atendía al llamado, le enseñaba mientras observaba a los animales.

Se involucraron, eran jóvenes, sanos, hermosos y se hicieron amantes. Ana – dijo con sinceridad –, no te prometo nada. Sabes que me voy al convento en cuanto lo ordene mi padrino. No está bien lo que hacemos, mejor nos separamos, no vengas más por aquí, por favor.

– Siempre supe que ibas a ser sacerdote y no me importa.

– No me quieras, Ana, no hagas esto. Si sé que te gusto, no te veré más.

¿Entendiste? No me ames, no estaré contigo. Voy al convento. ¡Seré sacerdote!

– ¿Por qué, Gustavo? – Ella preguntó.

– Porque se decidió desde mi bautismo. Mi padrino pagó mis estudios. En este momento difícil es un privilegio tener un sacerdote en la familia. Luego se rastrea, no hay vuelta atrás. Si me rindo, mis padres pueden sufrir, creo que mi padrino no me perdonará.

– Lo sé y entiendo tu miedo.

– Ana, yo también quiero eso, ¿entiendes? ¡Yo quiero! Siempre quise. Así que no me ames.

Pero ella lo amaba desde hace mucho tiempo, estudiar era un pretexto para estar cerca de él. Él lo entendió, todos temían a la Iglesia, que tenía poderes, y la Inquisición arrestó y mató a mucha gente. El padrino de Gustavo fue un temido monseñor. También sintió que él era sincero, que quería ser sacerdote, que tenía vocación.

Entonces Ana descubrió que estaba embarazada. Esa tarde le dije:

– ¡Gustavo, te amo!

– ¡Te pedí que no dejaras que esto sucediera, te lo supliqué!

– Uno no gobierna sus sentimientos – dijo, llorando.

No dijo nada más, se alejó de ella molesto. Ana decidió que hablaría del embarazo al día siguiente.

Pero ya no lo vio. Gustavo decidió irse al día siguiente sin despedirse de nadie; fue a visitar a su padrino y le pidió que entrara inmediatamente al convento. Viajó de madrugada, dos días después estaba frente a monseñor.

– Padrino – dijo –, lo siento si vine sin invitación, es que estaba ansioso por hablar contigo y comenzar mis estudios para ser sacerdote.

– ¡Está disculpado! Me gusta tu ansiedad. Serás un buen sacerdote. ¡Puedes quedarte!

Gustavo se quedó en el convento.

Ana lloró mucho y se quejó:

– "¿Por qué le dije que lo amaba? ¿Por qué?

Por eso se fue antes de lo esperado. No debería haberle dicho mis sentimientos. Si ella hubiera guardado silencio, él no se habría ido. Tal vez cuando se enterara de mi embarazo cambiaría de opinión. Se fue, lo perdí porque dije que me gustaba."

Eso la atormentaba. Escondió el embarazo hasta que pasó el período en que podía abortar. Tenía miedo que la familia no la dejara tener el niño. Cerca que hacían tés con hierbas para abortar y muchas recurrían a él, sobre todo mujeres solteras. Ana quería al niño, sería un pedacito de Gustavo para estar con ella.

Cuando ella habló, dijo toda la verdad, su familia pensó que era malo, pero como buenas personas, decidieron apoyarla. Su padre le dijo al padre de Gustavo y decidieron que lo mejor era ocultar el hecho. Ana se quedó en su casa, sus padres la cuidaron a ella y a los bebés. Tuvo mellizos, dos niñas preciosas, Lívia y Vanessa. Estaban sanas y nadie sabía quién era el padre.

Los padres de Gustavo fueron a su ordenación y se lo dijeron. Sintió pena por Ana y las niñas y pensó en ayudarlas.

Gustavo trató de ser un buen sacerdote. Como Monseñor, su padrino, trabajaba para el Santo Oficio, no quiso quedarse con su benefactor, porque estaba horrorizado por la Inquisición, pidió cuidar de una parroquia, fue enviado a un lugar lejano, un pequeño pueblo. Le gustaba y se dedicaba a su trabajo. Pero comenzó a enviarle dinero a Ana para que pudiera criar a las niñas. Nunca las vio, pero siempre las ayudó con dinero que recibió de la Iglesia. Protegió a los perseguidos de la Iglesia, de la política lo mejor que pudo, y una vez estuvo a punto de ser arrestado. Su padrino, ahora cardenal, lo salvó. Pero empezó a molestar a algunas personas, lo envenenaron y su muerte se dio por sentada.

Ana siempre amó a Gustavo, crio a sus hijas con mucho amor y el dinero que recibió fue como un bálsamo para su corazón, creía que él las amaba. Las niñas estudiaron y crecieron sin problemas, se casaron y nunca supieron quién era su padre; recibió dinero hasta que falleció. Ana tenía tuberculosis y falleció a la edad de treinta y seis años. Se encontraron en el plano espiritual para una conversación. Gustavo estaba preocupado por la Inquisición, trabajaba tratando de ayudar a los desencarnados que odiaban a la Iglesia. Ana estaba preocupada por sus hijas, trabajaba en un equipo que ayudaba a los encarnados. No tenían rencores. Él le pidió perdón y ella lo perdonó de corazón.

- No me engañaste. Fui una tonta al amarte. Nunca debí haberte dicho que te amaba...

Se separaron. Tuvieron otras encarnaciones. Gustavo, recordando su encarnación, pensó:

- "Cuando las vi en ese restaurante sentí algo raro, confundí mis sentimientos. ¡Fue un reencuentro!"

Comprendió la bondad de Dios, las encontró de nuevo y las cuidó. "No hice lo correcto, debí ofrecer un trabajo, traerlos a los tres a la finca. Pero creo que amé a Ana tan pronto como la vi. Quería ayudarlas y ahora sé por qué. Yo les debía eso. Actué así. Lívia y Vanessa fueron mis hijas en el pasado y yo no las crie, no les di protección, cariño y ahora estaban conmigo como la hija de otra persona. Creo que eso en este fui lo que debí haber sido en el pasado. Padre, gracias, Dios, por esta oportunidad. ¡Gracias!."

También entendió por qué Ana nunca le había dicho que lo amaba. Habían pasado seis años desde que había fallecido. Anita vino a visitarlo.

- ¡Gustavo, Ana debería unirse a nosotros pronto!

- ¿Ella está enferma? - Preguntó, preocupado.

- Solo está enferma, tendrá un derrame cerebral fatal. No te preocupes, cuando eso suceda los amigos del Centro Espírita la traerán hasta nosotros.

Esperó todo este tiempo ansiosamente volver a estar juntos y ahora que no tardaría mucho sintió una alegría agradecida, pero estaba inquieto por la proximidad del reencuentro.

Un mentor le aconsejó:

- ¡Tranquilo Gustavo!

Luís, quiero quedarme con ella para siempre, pero ¿querrá ser mi pareja?

- ¡Claro que sí! - respondió el consejero animándolo.

- Pero, ¿entonces qué? ¿Tendremos que reencarnar, estaremos separados?

Gustavo, no deberías preocuparte tanto por el futuro. Tendrán que permanecer mucho tiempo en el plano espiritual, vivirán juntos. Aunque deben hacer tareas diferentes, tendrán mucho tiempo para estar juntos. Han aprovechado bien esta encarnación, han merecido ayuda, estando juntos y planeando reencontrarse cuando llegue el momento de reencarnar. Los afectos se encuentran.

– ¿Están los seres queridos siempre en el plano espiritual?

– Normalmente sí, los que se unen por amor acaban juntos, salvo que, por imprudencia, quieran acortar el tiempo de ausencia y suicidarse.

– ¿Los suicidas no encuentran sus afectos? – Gustavo quiso saber.

– Lee las preguntas 944 a 952 de *El Libro de los Espíritus*, de Allan Kardec – recomendó Luís.

Después de agradecerle, Gustavo se fue a su casa y leyó y releyó las preguntas, especialmente la 956, que dice:

"Aquellos que, al no poder soportar la pérdida de personas queridas, se matan con la esperanza de volver a encontrarlos, ¿logran su objetivo?"

"El resultado, para ellos, es diferente de lo que esperan, y en lugar de unirse al objeto de su afecto, se alejan de él por más tiempo, porque Dios no puede recompensar un acto de cobardía y el insulto que se hace a él, dudando de su providencia. Pagarán este momento de locura con pesares mayores de los que pensaban abreviar, y no tendrán la satisfacción que esperaban para compensarlos."

También leyó la pregunta 934 y se puso a meditar:

"Menos mal que Ana nunca pensó en este acto de locura. Pronto desencarnará y podremos estar juntos. Quien lo practica es por falta de fe. Y qué decepción, morir pensando de permanecer juntos y estar realmente separados"

¡El suicidio es triste! Es obligación de los que entienden ayudar de alguna manera a los que tienen tendencia a cometer este acto temerario. El amor debe ser un sentimiento que da fuerza para vivir, tanto encarnado como desencarnado. Y si sufren de ausencia, de muerte física, deben tener esperanza, porque anticiparse es prolongar esta separación. ¡Hay tanto que hacer en el período de ausencia! Como Gustavo, que se fue a una Colonia por méritos y trató de adaptarse, estudiar y trabajar allí, y Ana, que buscó consuelo en las lágrimas que enjugaba, haciendo el bien. Y creo que es más dolorosa la desencarnación de los hijos, los afectos, los seres queridos son todo lo que amamos. La vida sigue y no es querer poner fin a un período que vamos a resolver la situación. Hay que cultivar la esperanza porque, si se actúa correctamente, seguro que volverán a estar juntos.

Ana estaba enferma, fue al médico, tenía la presión alta. Hizo las pruebas que ordenó el médico. Descansó, hizo dieta, tomó su medicina y murmuró:

– Ruth, yo solo creo que es malo no ir al Centro Espírita.

– Es sólo por unos días, doña Ana. Las chicas están preocupadas por ti.

– ¿Chicas? Ya tienen niños grandes – dijo Ana riendo.

La finca seguía siendo un lugar de reunión para la familia. Sus nietos la querían mucho, era la abuela con la que siempre podían contar. Tiempo antes, Ana les pidió a sus hijas, ya que la finca era de ellas, que si ella moría, Ruth se quedaría allí hasta que ella también hiciera su pasaje al plano espiritual. Se lo prometieron y Ana estaba tranquila; No quería que Ruth, su amiga de tantos años, quedara indefensa. Con su enfermedad, sus nietos venían a verla con más frecuencia.

– Abuela, ¿extrañas al abuelo? – Eleonora, la hija de Junior, quería saber

– ¡Por supuesto! Lo extraño mucho. Pero un día nos volveremos a encontrar y estaremos juntos.

– Abuela, ¿qué le dirás cuando lo veas?

– Algo de lo que siempre quise hablar y no pude. Algunas palabras muy importantes.

– Ya sé – dijo la niña sabia – que lo quieres.

Ana sonrió, la niña se alejó y estaba pensando en lo maravilloso que sería estar con él otra vez.

Los exámenes estarían listos el jueves y Ana desencarnó el martes por la mañana. Se despertó, se sintió mal, llamó a Ruth, que llamó a Lívia, a Vanessa, a Júnior y al médico. Volvió a la cama y se sintió mareada, perdió el conocimiento, durmió y despertó en otra cama. Observó el lugar por un momento, ciertamente estaba en un hospital, en una enfermería. Había muchas camas, algunas ocupadas por otras mujeres.

– Estoy en un hospital, pero ¿dónde? ¿Encarnada o desencarnada?

No sintió nada diferente, decidió esperar, estaba bien.

De repente, vio a Anita. De hecho, sintió que era ella, ya que nunca la había visto antes, pero estuvo seguro cuando notó que llevaba unas flores. Ellas sonrieron.

– Ana, ¿cómo estás?

– Bien, Anita.

– ¿Me reconoces? – Preguntó la visitante.

– Te siento como Anita. Creo que los afectos no son extraños – respondió la recién desencarnada.

– Ana, ¿quieres algo? ¿Puedo hacer algo por ti?

– ¿Dónde estoy? – Preguntó Ana.

– En una Colonia. Te trajeron amigos del Centro Espírita – respondió Anita.

– ¡Qué bien!

– Ana, quería darte las gracias.

– También tengo que agradecerte.

Ellas sonrieron. Entendieron que los amigos siempre tienen que agradecerse unos a otros.

– Ana, alguien aquí está ansioso por verte – dijo Anita.

– ¿Gustavo? – Exclamó Ana.

– ¡Sí!

– "Gustavo – pensó – amor de mi vida, ya no tengo miedo de perderte, estábamos separados, pero unidos en el pensamiento y ahora juntos de nuevo."

– ¿Cómo estoy? ¿Bien? Ana se pasó las manos por el cabello, alisándolo.

– ¡Estás muy bonita! – Respondió Anita.

Se alejó, Gustavo entró en la habitación, se acercó lentamente. Conmovido, se sentó en una silla junto a su cama y le tomó la mano; ella apretó la suya.

– Ana, querida...

– Gustavo, te amo!

Emocionados, sonrieron felices.

Libros de Vera Lúcia Marinzeck de Carvalho

y Patricia

Violetas en la Ventana

Viviendo en el Mundo de los Espíritus

La Casa del Escritor

El Vuelo de la Gaviota

Vera Lúcia Marinzeck de Carvalho

y Antônio Carlos

Amad a los Enemigos

Esclavo Bernardino

la Roca de los Amantes

Rosa, la tercera víctima fatal

Cautivos y Libertos

Aquellos que aman

La Casa del Acantilado

La Gruta de las Orquídeas

La Mansión de la Piedra Torcida

<u>**Grandes Éxitos de Zibia Gasparetto**</u>

Con más de 20 millones de títulos vendidos, la autora ha contribuido para el fortalecimiento de la literatura espiritualista en el mercado editorial y para la popularización de la espiritualidad. Conozca más éxitos de la escritora.

<u>**Romances Dictados por el Espíritu Lúcio**</u>

La Fuerza de la Vida

La Verdad de cada uno

La vida sabe lo que hace

Ella confió en la vida

Entre el Amor y la Guerra

Esmeralda

Espinas del Tiempo

Lazos Eternos

Nada es por Casualidad

Nadie es de Nadie

El Abogado de Dios

El Mañana a Dios pertenece

El Amor Venció

Encuentro Inesperado

Al borde del destino

El Astuto

El Morro de las Ilusiones

¿Dónde está Teresa?

Por las puertas del Corazón

Cuando la Vida escoge

Cuando llega la Hora

Cuando es necesario volver

Abriéndose para la Vida

Sin miedo de vivir

Solo el amor lo consigue

Todos Somos Inocentes

Todo tiene su precio

Todo valió la pena

Un amor de verdad

Venciendo el pasado

Romances de Arandi Gomes Texeira y el Conde J.W. Rochester

El Condado de Lancaster

El Poder del Amor

El Proceso

La Pulsera de Cleopatra

La Reencarnación de una Reina

Ustedes son dioses

Libros de Vera Kryzhanovskaia y JW Rochester

La Venganza del Judío

La Monja de los Casamientos

La Hija del Hechicero

La Flor del Pantano

La Ira Divina

La Leyenda del Castillo de Montignoso

La Muerte del Planeta

La Noche de San Bartolomé

La Venganza del Judío

Bienaventurados los pobres de espíritu

Cobra Capela

Dolores

Trilogía del Reino de las Sombras

De los Cielos a la Tierra

Episodios de la Vida de Tiberius

Hechizo Infernal

Herculanum

En la Frontera

Naema, la Bruja

En el Castillo de Escocia (Trilogia 2)

Nueva Era

El Elixir de la larga vida

El Faraón Mernephtah

Los Legisladores

Los Magos

El Terrible Fantasma

El Paraíso sin Adán

Romance de una Reina

Luminarias Checas

Narraciones Ocultas

La Monja de los Casamientos

Libros de Elisa Masselli

Siempre existe una razón

Nada queda sin respuesta

La vida está hecha de decisiones

La Misión de cada uno

Es necesario algo más

El Pasado no importa

El Destino en sus manos

Dios estaba con él

Cuando el pasado no pasa

Apenas comenzando

<u>**Libros de Mónica de Castro y Leonel**</u>

A Pesar de Todo

Con el Amor no se Juega

De Frente con la Verdad

De Todo mi Ser

Deseo

El Precio de Ser Diferente

Gemelas

Giselle, La Amante del Inquisidor

Greta

Hasta que la Vida los Separe

Impulsos del Corazón

Jurema de la Selva

La Actriz

La Fuerza del Destino

Recuerdos que el Viento Trae

Secretos del Alma

Sintiendo en la Propia Piel